자기 신뢰

현대지성 클래식 36

자기 신뢰

SELF-RELIANCE

랄프 왈도 에머슨 | 이종인 옮김

현대
지성

랄프 왈도 에머슨(Ralph Waldo Emerson)
(1803-1882)

Ne te quaesiveris extra

당신 자신을 자기 이외의 곳에서 찾지 말라

일러두기

1. 「자기 신뢰」는 에머슨이 1841년에 발간한 『제1 에세이』(*Essays I, First Series*)에 수록된 원고다. 그는 1832년 이후에 쓴 일기와 강연에서 많은 문장을 가져왔다. 「운명」은 저자가 1860년에 펴낸 『인생의 처세』(*The Conduct of Life*)에 실린 에세이다. 「개혁하는 인간」은 에머슨이 1841년 1월 25일에 기계공 도제들의 도서관 모임에서 행한 연설을 글로 옮긴 것이다.
2. 성경 본문은 『새번역성경』을 인용했다.
3. 본문 하단의 각주는 모두 옮긴이가 달았다.
4. 세 편의 에세이에는 원래 소제목이 없었으나 가독성을 위해 옮긴이가 임의로 달았다.

인간은 그 자신이 별이고,

정직하고 온전한 인간을 빚어내는 영혼은

모든 빛, 모든 영향력, 모든 운명을 지배한다.

인간에게 벌어지는 일은 어떤 것이 되었든

너무 빠르거나 너무 이르지 않다.

우리 행동은

우리의 천사,

선 혹은 악이며

곁을 조용히 걸어가는 우리의 운명적 그림자다.

- 보몬트와 플레처가 합작한 희곡 『정직한 사람의 운명』의 에필로그에서

저 어린 것을 바위에다 던져라

암늑대의 젖꼭지를 빨게 하라

매와 여우와 함께 겨울을 나게 하고

힘과 속도가 그의 손과 발이 되게 하라.

차례

자기
신뢰

Self-Reliance

일전에 나는 독창적이면서도 관습을 따르지 않는 저명한 화가가 쓴 시를 몇 편 읽었다. 시의 주제가 무엇이든 간에 영혼은 그 시행(詩行)에서 경고의 목소리를 듣는다. 시가 일으키는 정서는 그것이 표현하는 사상보다 더 중요하다.

부러움은 무지에서 나온다

당신 자신의 생각을 믿는 것, 은밀한 마음속에서 당신이 진실이라고 생각하는 것이 모든 사람에게도 그대로 진실이 된다고 믿는 것, 이것이 천재(genius)의 행동이다. 당신의 머릿속에 숨은 확신을 밖으로 드러내면 보편적 의미를 획득한다. 가장 깊숙한 것은 적절한 때가 되면 겉으로 분명하게 드러나기 때문이다. 우리의 첫 번째 생각은 최후 심판의 나팔 소리가 울릴 때 우리에게 되돌아온다. 이러한 마음의 목소리는 우리 모두에게 아주 친숙하다. 모세, 플라톤, 밀턴이 남긴 가장 뛰어난 공로가 있다면 무엇일까? 그것은 이들이 책과 전통을 무시했고, 남들의 말을 모방하지 않고 자기 스스로 생각하는 바를 말했다는 데 있다.

사람은 마음속 깊은 곳에서 번쩍거리며 지나가는 빛줄기를 발견하고 관찰하는 법을 배워야 한다. 각 개인에게는 음유시인이나 현자들에게서 나오는 하늘을 가로지르는 불빛보다 자기 마음속에서 샘솟는 한 줄기 빛이 더 중요하다. 하지만 사람들은 그것이 자기에게서 나왔다는 이유만으로 그 생각을 별로 주목하지 않고 그냥 무시해버린다. 천재들이 남긴 모든 작품에서 우리는 스스로 거부해버렸던 생각을 발견한다. 낯설지만, 장엄한 모습으로 그 생각들은 우리에게 되돌아온다.

위대한 예술 작품들이 우리에게 전하는 가장 감동적인 교훈은 이것이다. 다른 무수한 목소리가 반대 의견을 낼지라도, 점잖으면서도 굳건한 자세로 자신의 자발적인 느낌을 더 소중하게 믿고 그 작품들이 웅변하는 소리를 들어야 한다는 것이다. 이렇게 하지 않는다면 내일 어떤 낯선 사람이 우리가 늘 생각하고 느꼈던 바로 그것을 아주 그럴듯하게 말할 것이다. 그러면 우리는 그 타인에게서 우리 생각을 받아들여야 하는 부끄러운 상태가 된다.

부러움은 무지에서 나오고, 모방은 자살행위다. 배우는 과정에서 이런 확신이 드는 순간이 온다. 또한, 좋든 나쁘든 자신이라는 존재를 있는 그대로 제 운명의 몫으로 받아들여야 하는 시간을 맞이한다. 이 세상은 좋은 것들로 가득 차 있다. 그러나 자신에게 주어진 경작지를 자기 자신의 노동으로 갈지 않으면, 단 한 알의 옥수수도 그에게 주어지지 않는다. 인간 내부에 깃든 힘은 본래 새롭다. 그 새로움 때문에 인간은 자신이 무엇을 할 수 있는지 예상하지 못하는데, 직접 뭔가를 해보아야만 비로소 자기 능력을 알게 된다.

우리에게 강렬한 인상을 남기는 얼굴, 성격, 인상이 있는 반면, 그렇지 못한 것들도 있는데 여기에는 다 이유가 있다. 인상이 기억 속에 각인되는 것은 사전에 정해진 조화(調和)를 따르기 때문이다. 우리 눈은 빛이 있는 곳을 바라보고 특정한 빛을 인식한다. 그런데 우리는 자기 생각을 절반도 옳게 드러내지 못하고, 각자가 마음속에 품고 있는 신성한 생각을 오히려 부끄럽게 여긴다. 하지만 부끄러워하지 말라. 그 신성한 생각은 자기 형편에 알맞고 확실히 좋은 결과를 가져올 것이기에 충실하게 밖으로 표현해야 마땅하다.

신은 겁쟁이가 그분의 역사를 드러내도록 두지 않는다. 인간은 자기 일에 온 정성을 다하고 최선의 노력을 기울일 때 비로소 위로를 느끼고 즐거움을 얻는다. 하지만 그런 정성과 노력이 없는 말이나 행동은 그에게 마음의 평화를 안겨주지 않는다. 그것은 건져낼 능력이 없는 구원일 뿐이다. 건성으로 하는 그런 언행으로는 버림만 받을 뿐이며, 아무런 친구도 창의성도 희망도 건질 수 없다.

자기 자신을 믿어라

자기 자신을 믿어라. 모든 사람의 가슴은 이 철칙(鐵則)에 따라 반응해야 한다. 신의 섭리가 당신을 위해 마련한 자리, 동시대를 살아가는 사람들과의 어울림, 사건 사이의 상호 연결을 받아들여라. 위대한 사람들은 언제나 그렇게 해왔다. 그들은 시대의 위대한 정신에 자신을 어린아이처럼 내맡겼고, 절대적으로 믿을 만한 것이 가슴 깊숙한 곳에 자리 잡고 그들의 양손을 통해 일하며, 전 존재를 지배한다고 생각했다.

우리는 이제 어른이므로 가장 고결한 마음속에서 이와 동일한 초월적[1] 운명을 받아들여야 한다. 우리는 잘 보호되는 곳에 있는 미성년이나 환자가 아니며, 혁명에서 달아나는 비겁자도 아니다. 우리는 전지전능한 분의 노력에 복종하며 혼란과 어둠을 향해 거침없이 나아가는 안내자, 구원자, 시혜자가 되어야 한다.

자연은 우리에게 이 얼마나 아름다운 신탁을 남겨 놓았는지! 자연은 어린아이, 갓난아이, 심지어 짐승의 얼굴과 행동이라는 텍스트에 그것(신탁)을 써놓았다. 어린아이, 갓난아이, 짐승에게는 나누어지고 반발하는 마음, 감정에 대한 불신이 없다. 그런 것은 자기 목적과 다르게 힘과 수단을 사용할 수 있다고 여기고 손익을 따져보는 데서 나오기 때문이다. 그들의 마음은 분열되지 않아 온전하고 그들의 눈은 아직 이런 계산에 지배되지 않아 순수하다. 그리하여 우리는 그들의 눈을 들여다볼 때 당황한다. 유아는 누구에게도 복종하지 않으며, 오히려 모든 것이 그에게 복종한다. 그래서 그 아이를 어르고 달래다가 어른 네다섯 명은 어린아이가 된다.

◇◇◇◇
1 초월주의를 가리킨다. 해제에서 "초월주의 운동"을 참고하라.

또한, 하나님은 소년과 청년과 어른에게도 각 단계에 맞추어 어린아이에 못지않은 힘과 매력을 부여하여 멋지고 우아한 존재가 되게 했으며, 어린아이의 정신이 그들 안에서 자기주장을 하며 나설 때는 그러한 정신적 요구를 거부하지 못하도록 했다. 어린이가 당신과 나에게 말을 못 한다고 해서 힘이 없다고 생각하지는 마라. 들어보라! 옆방에서 그의 목소리가 아주 분명하고 뚜렷하게 들려온다. 그 아이는 자신의 동시대인에게 말하는 방법을 알고 있다. 수줍어하는 아이든 대담한 아이든 그 아이는 어른을 아주 불필요한 존재로 만드는 법을 안다.

소년들은 무심하다. 저녁 식사가 확실히 나온다고 생각하고, 마치 자신이 영주나 되는 것처럼 남들 비위를 맞추는 말을 경멸한다. 이런 건전한 태도가 바로 인간 본성의 진면목이다. 거실에 나와 있는 소년은 비유적으로 말하자면 극장의 피트[2] 같은 존재다. 그는 독립적이고 무책임하며 곁을 지나는 사람과 사물을 곁눈질로 쳐다본다. 그러면서 소년 특유의 재빠르고 개괄적인 방식으로 사람들의 장단점에 대하여 좋고, 나쁘고, 흥미롭고, 어리석고, 멋지고, 골치 아프다 등으로 판결을 내린다. 결과에 얽매이는 법이 없고 이해관계 따위도 신경 쓰지 않는다. 아이는 독립적으로 진정 올바른 판결을 내린다. 당신이 소년의 비위를 맞춰야지 그가 당신에게 구애하는 법은 없다.

◇◇◇◇

2 셰익스피어 시대에 극장의 피트(pit)는 극장의 맨바닥 자리(입석)를 가리켰다. 요금이 가장 저렴한 자리이기도 했는데 관객들은 이곳에 서서 무대를 향해 소리를 지르는 등 소란스럽기 짝이 없었다.

이에 비해 어른은 자신의 의식(意識)이라는 감옥에 갇혀 있다. 그가 어떤 발랄한 말이나 행동을 하는 순간, 그는 어느 한편을 지지하는 사람이 되어 수백 명에게 동정을 받거나 증오의 대상이 된다. 이제 그는 사람들의 감정을 의식적으로 참고하지 않을 수 없다. 이제 이것을 잊어버릴 방법은 없다.[3] 그렇게만 된다면 '아, 다시 중립으로 돌아갈 수 있을 텐데' 하며 아쉬워한다.

이런 눈치 보기를 일절 거부할 수 있는 사람. 주변 사람이나 사물을 일단 관찰했으면, 그다음에는 눈치 보지 않고, 편견을 갖지 않고, 뇌물로 마음을 취할 수 없으며, 두려움 없는 솔직함으로 자기 의견을 말할 수 있는 사람. 이런 사람은 언제나 강적이 된다. 이런 사람이 주변에서 벌어지는 일에 의견을 내놓으면, 사적인 게 아니라 필요에 따른 의견임을 알기에, 사람들 귀에 쏙쏙 들어가 박히고 그들은 두려운 존재가 된다.

사회는 '자기 신뢰'를 혐오한다

우리가 혼자 있을 때는 이런 소리를 듣는다. 하지만 그 목소리는 세상에 들어가면서 희미해지다가 마침내 들리지 않는다. 어느 사회에서나 구성원이 씩씩하고 솔직한 어른으로 성장하지 못하도록

◇◇◇◇
3 직역하자면, "여기에는 레테가 없다"(There is no Lethe for this)이다. '레테'는 저승에 있는 망각의 강으로 그리스 신화에 나온다. 이 강의 물을 마시면 과거의 모든 일을 잊게 된다.

음모를 꾸민다. 사회는 일종의 주식회사다. 구성원들은 주주에게 빵을 더 확보해주려고 빵 먹는 사람의 자유와 문화를 포기하기로 합의한다. 거기서 가장 요구되는 미덕은 순응이다. 그러므로 주식회사는 자기 신뢰를 혐오한다. 사회는 실재나 창조성보다 명목과 관습을 더 좋아한다.

온전한 어른이 되려는 사람은 누구든지 순응을 거부할 줄 알아야 한다. 불멸의 종려 잎을 얻으려는 사람은 이름뿐인 선(善)의 방해를 받아서는 안 된다. 오히려 그 선을 면밀하게 살펴야 한다. 결국, 당신의 성실한 마음 외에 그 무엇도 신성하지 않다. 당신의 솔직한 의견을 자기 자신에게 선언하라. 그러면 당신은 온 세상으로부터 지지를 받을 것이다.

어린 시절에 있었던 일이 기억난다. 어떤 존경받는 조언자가 교회의 오래된 교리들을 무조건 따르도록 강권했을 때 나는 이렇게 답했다.

"제가 순전히 내면의 힘으로 살아가려고 할진대, 그 오랜 전통이 아무리 신성한들 나와 무슨 상관이란 말입니까?"

"그런 충동은 아래에서 올라오는 것이고, 위에서 내려오는 것은 아니야." 조언자가 말했다.

"나는 내 충동을 그렇게 보지 않습니다. 하지만 그 충동 때문에 내가 악마의 자식이 된다면, 나는 악마로 살아가겠습니다."

자기 본성에서 나오는 법을 제외하고는 그 어떤 법도 자신에게 신성할 수 없다. 선과 악은 그저 이름일 뿐이고 이런 것 혹은 저런 것에 임의로 갖다 붙일 수도 있다.

유일하게 옳은 것은 내 기질을 따라 생활하는 것이다. 그 기질에 어긋나게 사는 것은 뭐든 잘못이었다. 올바른 사람은 갖은 반대 앞에서도 자신을 제외한 모든 것을 그저 이름뿐인 찰나적인 것으로 여긴다.

그럴듯한 휘장과 이름, 거대한 사회와 죽어버린 제도 등에 사람들이 쉽사리 굴복하는 것을 보면서 나는 부끄러움을 느낀다. 그와는 달리 품위 있고 조리 있게 말하는 사람들은 나를 감동하게 하고 깊은 영향을 미친다.

나는 올곧고 씩씩하게 나아가야 하고 모든 면에서 진실만 말해야 한다. 만약 어떤 자선 행위가 악의와 허영의 외투를 둘렀다면 그게 사람들 사이에서 통할까?

평소에 화를 잘 내고 고집스러운 어떤 사람이 노예제 폐지라는 멋진 대의를 옹호했다고 해보자. 그는 내게 와서 바베이도스 섬[4]의 최근 소식을 전하면서 우쭐할 테지만 나는 그에게 필시 이렇게 대답할 것이다.

"가서 당신의 갓난아이를 사랑해주십시오. 당신 집에서 장작을 패는 사람을 사랑하십시오. 선량하고 겸손한 사람이 되십시오. 그런 성품을 발휘하는 아량을 지니십시오. 천 마일 떨어진 곳에 있는 흑인들에게 엉뚱한 애정을 표시하면서 냉정하고 무자비한 당신의 야망을 윤색하지 마십시오. 먼 데를 사랑한다면서 가까운 데 있는 악을 은폐하는 일은 그만두십시오."

이러한 말대꾸는 거칠고 퉁명스럽게 들리지만, 순수한 진실은

◇◇◇◇

4 1627년부터 영국령 서인도 연방으로 있다가 1966년 독립했다. 1816년 노예들이 봉기했으며 1834년에는 이곳에서 노예제가 폐지되었다.

가장된 사랑보다 훨씬 더 아름답다. 당신의 선량함은 그 가장자리에 선 다소 날카로워야 한다. 그렇지 않으면 그 선량함은 아무것도 아니다. 사랑의 교리가 가냘픈 소리를 내며 징징거릴 때 거기 맞서려면 증오의 교리를 설교해야 한다. 나의 '천재'가 나를 부를 때면 나는 아버지, 어머니, 아내, 형제까지도 모두 멀리한다.

　나는 문기둥에 '변덕'이라는 단어를 써놓고 싶다. 하지만 바라기는, 결국 변덕보다 더 좋은 것으로 드러날 것이다. 아무튼, 우리는 온종일 설명하면서 시간을 보낼 수는 없다. 내가 어떤 사람과는 어울리고 또 어떤 사람은 기피하는지 그 이유를 말해주길 기대하지 말라. 또한, 어떤 선량한 사람이 오늘날 말하는 것처럼, 모든 가난한 사람이 좋은 환경 속에 살아가도록 해야 할 의무가 내게 있다고 말하지 말라. 그들이 내가 돌보아야 할 가난한 사람들인가? 어리석은 박애주의자여, 나는 당신에게 말한다. 내가 속하지 않고 내가 친근감을 느끼지 못하는 사람들에게 나는 단 1달러, 1다임, 1센트도 내놓고 싶지 않다.

　정신적 유대관계 때문에 내가 받아들이고 또 설득해야 하는 부류가 분명 있다. 그들을 위해 필요하다면 나는 감옥에 가는 것도 사양하지 않겠다. 그러나 온갖 대중적 자선 행위, 바보들이 모인 대학 교육, 많은 사람이 지지한다는 어떤 쓸데없는 목적을 위한 집회 장소 마련, 술 취한 거지에게 동냥하기, 온갖 구제 단체에 의연금 기부하기 등은 정중히 사절하겠다. 고백하기 부끄럽지만, 나는 때때로 그런 요청에 굴복하여 돈을 내놓기도 했다. 하지만 그것은 사악한 돈이다. 향후 그런 요청을 물리치는 어른스러움을 점점 갖추게 될 것이라 생각한다.

내 인생은 나의 것

대중적인 관점에서 보자면, 미덕은 원칙이라기보다 예외에 가깝다. 먼저 사람이 있고 그다음에 미덕이 있다. 사람들은 자기에게 용기와 자비가 있다는 증거로 소위 선행을 한다. 가령 날마다 벌어지는 열병식에 불참한 데 대한 속죄로 벌금을 내는 식이다. 그들의 선행은 세상살이에 대한 변명 혹은 정상참작과 같은 뜻이다. 말하자면 환자나 정신이상자가 병원에 입원비를 많이 내는 것과 비슷하다. 일반인이 하는 덕행은 이처럼 속죄 행위일 뿐이다.

하지만 나는 속죄하지 않고 단지 씩씩하게 살아가고 싶다. 내 인생은 자신을 위한 것이지 남에게 보여주기 위한 것이 아니기 때문이다. 나는 화려하면서 불안정하기보다는 비록 낮은 신분이더라도 진실하고 평등하게 살아가는 것을 훨씬 더 선호한다. 내 인생이 건전하고 달콤하길 바라지, 절식(節食)하거나 방혈(放血, 치료를 위해 일부러 피를 뽑는 것)하면서 살고 싶지는 않다. 나는 당신이 사람이 되었음을 보여주는 핵심 증거를 원하지, 지금껏 이런저런 행위를 했다면서 그것을 내놓는 것은 거부한다. 소위 탁월하다는 행동을 했는지 안 했는지는 중요한 문제가 아니다. 내가 본질적인 권리를 지닌 그곳에서 특혜를 좀 누린다고 해서 대가를 지불하라는 것에는 동의하지 못하겠다. 내 재주는 많지 않고 또 평범한 것에 불과하더라도, 나는 실제로 여기 이렇게 있다. 그렇기에 다른 이차적인 증거로 내 확신이나 동료들의 확신은 필요치 않다.

나는 내가 중요하다고 생각하는 것을 해야지, 남이 중요하다고 생각하는 것을 해서는 안 된다. 이 원칙은 실제 생활이나 정신생활에서 지키기가 아주 어려운 것이지만, 동시에 위대함과 평범함을 구분하는 결정적 지표가 된다. 왜 이 원칙을 지키기가 어려운가 하면, 어떤 것이 당신의 의무인지 당신보다 더 잘 안다고 주장하는 사람들이 주변에는 항상 있기 때문이다. 세상에서 여론을 따라 살아가는 것은 쉬운 일이다. 그러나 위대한 사람은 그렇게 살지 않는다. 위인은 군중의 한가운데서 자신의 독립적인 고독을 지키면서도 아주 품위 있는 생활을 해나간다.

순응은 눈먼 사람의 허세

당신이 보기에 이미 죽어버린 관례들에는 절대 순응하지 말라. 그것은 당신의 잠재력을 흩어버리기 때문이다. 당신의 시간을 빼앗고 겉으로 드러나는 성품을 흐릿하게 만든다. 당신이 죽어버린 교회에 다니고, 죽어버린 성서공회에 힘을 보태고, 여당에 찬성하든 반대하든 거대 정당에 투표하고, 평범한 살림꾼처럼 식탁을 차린다고 해보자. 나는 그런 장막에 둘러싸여 있는 당신이 어떤 사람인지 정확히 파악할 수가 없다. 그런 생활을 하면서 힘이 많이 흩어졌기 때문이다.

그러나 당신이 자신만의 일을 한다면 나는 금방 알아볼 것이다. 당신의 일을 하면 자신을 더욱 강하게 하는 셈이다. 우리는 이 순응이라는 게임이 눈먼 사람의 허세임을 꿰뚫어보아야 한다. 만약 당신의 소속 종파를 안다면 나는 당신이 무엇을 주장할지 예상할 수 있다. 나는 어떤 설교자가 소속 교회의 어떤 편리한 제도를 주제로 설교한다는 이야기를 들었다. 그러하다면 설교자가 새로운 것은 말하지 않을 것이라고 충분히 예상할 수 있다. 그 제도의 근거를 검토하면서 은근히 드러내는 자세를 보일 테니 새롭고 자발적인 것은 꿈꾸기 어렵지 않겠는가? 그는 한 교구의 목사로서 자신에게 허용된 측면만 옹호한다는 것을 나는 알고 있다. 이는 말하자면, 수임료를 받는 변호사나 다름없고 그런 그가 출입하는 법정 분위기는 공허한 허세에 지나지 않는다.

그렇다. 대부분 사람은 손수건으로 자기 눈을 가리고 여론에 얽매인 채 살아가고 있다. 이런 대중 영합적인 태도로 그들은 몇 가지 구체적인 사항에서 거짓말하는 데 그치지 않고, 모든 사항에서 그릇된 사람이 되어간다. 그들이 말하는 진실은 실제로는 진실이 아니다. 그들 둘은 진짜 둘이 아니고, 그런 만큼 둘 더하기 둘은 넷이 되지 않는다. 그리하여 그들이 하는 모든 말에 우리는 화가 나고, 그들을 교정하려면 어디서부터 시작해야 할지 암담해진다.

이러는 사이, 자연은 우리가 고수하는 당파의 죄수복을 재빨리 준비한다. 사회 속에서 활동하는 우리는 천편일률적인 얼굴과 자세로 서서히 저 바보 같은 맥 빠진 표정을 짓는다. 이것은 특히 굴욕스러운 체험으로, 전반적인 역사에서도 꼭 등장한다. 나는 여기서 "저 바보같이 칭찬만 해대는 얼굴"에 대해 말하는 중이다. 우리가 불편함을 느끼는 모임에서, 별로 재미도 없는 얘기에 대답할 때 억지로 짓는 표정이 그러하다. 자연스럽게 안면 근육이 퍼지면서 생기는 미소가 아니라, 억압적 강요로 마지못해 떠올리는 미소로, 얼굴 윤곽이 팽팽하게 긴장한 나머지 상대방에게는 불쾌한 느낌을 안긴다.

세상은 자기에게 순응하지 않는 사람에 대해 불쾌하게 반응함으로써 채찍질한다. 따라서 우리는 상대방의 시큰둥한 얼굴을 금방 알아채는 법을 배운다. 구경꾼들은 광장 네거리에서나 친구 집 응접실에서도 순응하는 않는 자를 흘끔흘끔 쳐다본다. 이런 혐오감이 경멸이나 저항에서 비롯된 것이라면, 비순응자는 슬픈 표정을 지으며 집으로 돌아갈 것이다. 그러나 대중의 시큰둥한 얼굴은 그 상냥한 얼굴과 마찬가지로, 바람 부는 대로, 신문 보도에 따라 오간다. 그런데도 상원이나 대학의 불만보다 일반 대중의 불만이 훨씬 더 무시무시하게 느껴진다.

세상을 잘 아는 굳건한 사람이라면 교양인 계급의 분노를 견디기가 훨씬 쉽다. 그들의 분노는 절제되고 신중하며, 또 여론에 취약하므로 노골적으로 분노를 터뜨리지 않는다. 그러나 그들의 수동적인 분노에 일반 대중의 노골적인 분노가 더해져, 무식자와 가난한 자가 동시에 들고 일어나고, 더 나아가 사회 밑바닥에 잠복해 있던 비이성적인 짐승 같은 힘이 으르렁거리고 얼굴을 찌푸리면서 고개를 쳐들 때가 있다. 그런 때 별 걱정없이 사소한 일인 듯 그런 동요를 대범하게 처리하자면 관대함과 종교에서 빌어온 습관이 꼭 필요하다.

어리석은 일관성을 고집하지 마라

우리를 겁주어 자기 신뢰를 가로막는 또 다른 공포 중에는 소위 일관성이라는 게 있다. 일관성은 우리의 과거 행위나 발언을 존중하는 태도다. 다른 사람이 우리의 행동 궤적을 찾아보려 하는데 과거 행위라는 자료밖에 없을 때 우리는 그런 그들을 실망시키고 싶지 않은 것이다.

당신은 왜 자꾸만 어깨너머 뒤쪽을 돌아다보는가? 왜 기억이라는 시체를 무겁게 끌고 다니는가? 당신이 이런저런 공공장소에서 했던 말들과 모순되지 않기 위해? 당신이 모순되는 말이나 행동을 했다고 치자. 그게 어떻다는 말인가? 순전히 과거를 기억하는 일에서조차 기억에만 의존해서는 안 된다. 천 개의 눈을 가진 현재로 과거를 끌어내 재판을 받게 하고 언제나 새로운 날을 맞이하며 살아가는 것이 지혜의 법칙이다. 당신은 형이상학 속에서 신에게 인격을 부여하길 거부했다.

그러나 영혼의 거룩한 움직임이 당신을 찾아올 때는 온 마음과 목숨을 다해 그 움직임에 복종해야 한다. 그런 움직임은 하나님의 형체와 색깔을 보여주는 것일지도 모른다. 요셉이 자기를 잡아끄는 창부의 손에 겉옷을 내던지고 도망쳤던 것처럼[5] 당신의 이론을 과감히 내던져라.[6]

어리석은 일관성은 소인의 우둔한 고집이며 시시한 정치가, 철학자, 성직자 들이나 존중하는 것이다. 위대한 영혼은 일관성 따위는

◇◇◇◇

5   구약성경 창세기 39장 12절. 요셉은 파라오의 친위대장 보디발의 집에서 집사로 일할 때 보디발의 아내는 외모가 준수했던 요셉을 성적으로 유혹해왔다. 이에 요셉은 겉옷을 내던지고 유혹의 현장을 벗어났다. 남편 아닌 남자를 유혹했다는 뜻에서 창부라는 단어를 사용한 듯하다.

6   평소 철학적인 명상을 하면서 신[하나님]이 인격체가 아니라고 생각했더라도 영감이 떠오르는 순간, 신이 구체적인 모습과 색깔을 가지고 당신을 찾아오면 기존에 고수했던 이론을 내버리고 그 하나님을 영접하라는 뜻이다.

전혀 신경 쓰지 않는다. 차라리 그 사람에게 벽에 얼비치는 자신의 그림자나 신경 쓰라고 하라. 지금 이 순간 객관적인 언어로 당신 생각을 말하라. 그리고 내일이 되면 내일이 객관적으로 말해주는 것을 말하라. 그것이 오늘 말한 것과 완전 모순된다 할지라도 전혀 신경 쓰지 마라.

'아, 그렇게 하면 당신은 오해받기 딱 좋아요.' 남에게 오해받는 것이 뭐 그렇게 대수란 말인가? 피타고라스도, 소크라테스도, 예수도, 마르틴 루터도, 코페르니쿠스도, 갈릴레오도, 뉴턴도 모두 오해를 받았다. 아니, 이 세상에서 순수하고 현명한 영혼은 다들 그런 식으로 오해를 받았다. 그러니 오해를 받는다는 것은 곧 위대하다는 뜻이다.

누구도 자기 본성을 침해할 수는 없다고 나는 생각한다. 인간 의지의 표출은 결국, 그의 존재 법칙 안에서 제약을 받는다. 그것은 안데스산맥과 히말라야산맥의 고저기복(高低起伏)이 지구 수준의 곡선에서는 사소해지는 것과 같다. 당신이 어떤 사람을 어떤 방식으로 측량하고 시험하는지도 별로 중요하지 않다. 사람의 성품은 애크로스틱 체[7]나 알렉산드리아 시구(詩句)와 비슷하다. 그것을 앞에서 읽든, 뒤에서 읽든 혹은 사선으로 가로지르며 읽든 언제나 같은 글자가 나오는 식이다.

하나님은 아주 즐거우면서도 깊이 뉘우치는 숲속 생활을 내게 허락하셨다. 나는 전망이나 회고 같은 것은 하지 않으면서 매일 내

<hr />

7 시체(詩體)의 일종으로 각행의 첫 글자나 끝 글자를 모으면 어떤 사물의 이름 또는 한 문장이 되는 일종의 놀이 시.

생활을 정직하게 기록한다. 비록 의도하거나 목격하지는 않았지만, 내 기록은 일정한 균형을 유지할 것임을 확신한다.[8]

내 책에서는 소나무 냄새가 나고 날벌레의 윙윙거리는 소리가 들릴 것이다. 내 집 창문 위의 제비는 부리에 실이나 볏짚을 가지고 와서 집 처마 위에서 엮어 넣어 둥지를 만든다. 우리는 사람들에게 있는 그대로 통한다. 우리의 성품은 의지보다 한 수 위에 서서 가르친다. 사람들은 구체적인 행동을 통해서만 미덕이나 악덕을 보여줄 수 있다고 생각하겠지만, 미덕이나 악덕 그 자체가 매 순간 숨 쉰다는 사실은 모른다.

진정한 행동은 스스로 설명한다

인간의 행위가 아무리 다양하다고 해도 제때 맞추어 정직하고 자연스럽게 이루어진다면, 합치가 이루어진다. 여러 행위가 서로 닮지 않은 것처럼 보여도 하나의 의지에서 나왔으므로 조화를 이루는 까닭이다. 이러한 다양성은 약간 떨어진 곳, 약간 높은 생각의 고지에서 보면 가뭇없이 사라진다. 하나의 경향이 그 모든 것을 통합한다. 가장 좋은 배라 할지라도 항해할 때는 백 개의 지그재그 항적이 생기지만, 충분히 떨어진 거리에서 보면 평균적인 직선 항로로 펴지

<hr>

8 에머슨은 대학교 1학년 때부터 평생 60여 년에 걸쳐 일기를 써왔고, 그가 말하는 숲 속 생활은 월든 호수 근처의 숲속 생활을 말하는데, 에머슨은 이 숲속에 땅을 소유하고 있었기에 제자인 헨리 데이비드 소로가 그 땅에 오두막을 짓고 2년 가까이 살도록 할 수 있었다.

는 것을 볼 수 있다.

당신의 진정한 행동은 스스로 설명할 것이고 다른 진정한 행동들도 거기 동참할 것이다. 하지만 순응하는 태도는 아무것도 설명하지 못한다. 그러므로 홀로 행동하라. 당신이 홀로 행동해온 것이 지금 당신을 정당화할 것이다. 위대함은 미래에 호소한다. 내가 오늘 바른 일을 할 만큼 확고하며 남의 이목은 상관하지 않을 수 있다면, 전부터 옳은 일을 많이 해왔으므로 지금 나를 변호할 수 있다. 어떻게 행동하든 지금 바르게 행동하라. 겉모습을 무시한다면 언제나 옳은 일을 할 수 있다. 성품의 힘은 누적된다. 이전에 행한 모든 미덕은 긍정적으로 기여한다.

원로원 의원이나 야전 영웅들을 돋보이게 만들어 상상력을 채우게 하는 힘은 무엇일까? 후손은 영웅들이 남긴 위대한 날과 승리를 생생하게 의식한다. 그런 시절과 승리의 감각은 앞서 나아가는 자들에게 빛을 비춘다. 그 사람은 말하자면 눈에 보이는 천사들의 호위를 받는 것이다. 그런 선열 덕에 영국 총리 채텀은 웅장한 목소리로 연설했고, 워싱턴의 풍채에는 위엄이 가득했으며, 미국 대통령 애덤스의 눈에는 애국심이 번쩍거렸다.

그것은 일시적인 것이 아니므로 우리는 영예를 존엄하게 여긴다. 그것은 언제나 오래된 미덕이다. 오래전부터 있었기에 사람들의 존경을 받는다. 우리는 명예를 사랑하고 경의를 표한다. 그것이 우리의 사랑과 존경심을 구걸하기 때문이 아니라 그 자체로 독립적이고 자생적이기 때문이다. 명예는 아주 완벽한 계보를 가졌으며, 설사 젊은 사람에게서 발현되었더라도 그 오래된 속성은 여전히 그대로 빛을 발한다.

진정한 인간은 사물의 중심에 우뚝 선다

이제 순응이니 일관성이니 하는 말은 영원히 사라지길 바란다. 앞으로 이런 말은 관보(官報)에나 들어가 웃음거리가 되는 게 좋으리라. 식사 시간을 알리는 공소리 대신 스파르타의 군적(軍笛)[9]에서 흘러나오는 가락을 듣도록 하자. 우리는 이제 더 이상 고개 숙이지도 말고 사죄하지도 말자. 위대한 사람이 내 집에 식사하러 올 것이다.[10] 나는 이제 그의 비위를 맞추지 않는다. 오히려 그가 내 비위를 맞추길 바란다. 나는 인류를 대신해 여기 서 있을 것이다. 그렇지만 인류가 친절하고 진정한 존재임을 보여줄 것이다.

이 시대의 반질반질한 평범함과 지저분한 만족감을 경멸하고 비난하자. 관습과 무역과 관직을 향해 이런 사실을 알리도록 하자. 인간이 일하는 곳마다 위대하고 책임감 있는 사상가이자 실행자가 함께 활동한다는 것이 역사의 결론이다. 진정한 인간은 특정 시대와 장소에 제한되지 않으며 언제나 사물의 중심에 우뚝 서 있다. 그가 있는 곳에는 자연이 있다. 거기서 그는 당신과 모든 사람과 사물을 판단한다.

보통은 사회 속에서 다른 사람을 보면 어떤 것 혹은 어떤 사람

<hr>

9 스파르타 군대에서 불던 피리. 스파르타인은 엄격한 훈련과 철저한 군인정신으로 유명했는데 여기서는 용기 있는 사상과 행위의 상징으로 사용되었다.

10 위대한 정신을 만나고 싶다는 비유적 표현이며, 인간이 자기 본성에 따라 자기 신뢰를 실천하면서 살아가면 그런 위대한 정신이 될 수 있다는 암시를 주고 있다.

이 떠오른다. 반면에 위인의 성품과 실재는 우리에게 어떤 것도 연상시키지 않는다. 그것은 모든 피조물을 대신한다. 위대한 인간은 너무나 위대하여 주변의 모든 상황을 하찮은 것으로 만든다. 모든 진정한 인간은 하나의 대의(大義), 하나의 국가, 하나의 시대가 된다. 자신이 설계한 바를 충분히 실현하려면 무한한 공간, 숫자, 시간이 필요하다. 그리하여 후대 사람들은 추종자 무리처럼 그 발자취를 따라간다.

카이사르라는 사람이 태어난 후 여러 세대가 지난 후에 로마 제국이 들어섰다. 그리스도가 탄생하고 그 후 수백만 명이 그 속에서 성장하고 그분의 천재성에 집착한 나머지, 사람들은 그분의 덕성과 인간의 가능성을 서로 혼동하고 있다.[11] 사회 제도는 한 인간의 그림자가 길게 늘어진 것이다. 가령 수도원주의는 은수사(隱修士) 안토니우스의 그림자이며, 종교개혁은 마르틴 루터, 퀘이커교는 조지 폭스, 감리교는 존 웨슬리, 노예제도 폐지는 토머스 클라크슨의 그림자인 것이다. 시인 존 밀턴은 스키피오[12]를 가리켜 "로마의 절정"이라고 말했는데, 모든 역사는 몇몇 강건하고 진지한 인물들의 전기로 쉽게 요약될 수 있다.

인간은 자신의 가치를 알고 사물을 그 발아래 제압해야만 한다.

<hr />

11 하나님이 성육신하여 지상에 내려왔듯이, 인간도 열심히 그리스도를 닮으려고 노력하면 신적인 존재가 될 수 있다는 뜻이다.

12 푸블리우스 코르넬리우스 스키피오(기원전 236-183). 제2차 포에니 전쟁에서 카르타고의 맹장 한니발을 자마 전투에서 패배시키고, 지중해 일대의 로마 제국 패권을 확립한 로마의 명장. 청렴결백하고 여색을 멀리하며 선공후사의 정신이 투철하여 로마 공화정의 대표적인 인물로 칭송되고 있다.

그는 자신을 위해 존재하는 세상에서, 세상의 이면을 몰래 엿보거나 훔치면서 혹은 고아, 사생아, 훼방꾼처럼 살금살금 돌아다녀서는 안 된다. 평범한 사람은 자기 안에서 거대한 탑을 짓거나 대리석 신상(神像)을 조각할 정도의 힘을 발견하지 못한다. 그래서 그런 탑이나 신상을 쳐다보면서 자신을 아주 초라한 존재로 생각한다. 그에게 왕궁, 조각상, 값비싼 책 등은 화려한 마차의 행렬처럼 아주 낯설고 어색하게 보인다. "대체 선생은 뉘신지?"하고 묻는 듯하다.

그러나 이것들은 실은 모두 그의 것이다. 그가 주목해주길 호소하며, 그의 재능이 발휘되어 사로잡길 애원한다. 그림도 내 판결을 기다린다. 그림이 나에게 명령하는 것이 아니고, 칭찬받을 만한 가치가 있는 그림인지 나에게 알아봐달라고 호소한다.

술 취한 사람의 우화

사람들 사이에 잘 알려진 술 취한 사람 우화가 있다. 어떤 사람이 크게 취해 정신을 잃은 채 거리에 쓰러져 있다가 발견되어 공작의 집으로 실려 갔다. 사람들은 그의 몸을 잘 씻기고 좋은 실내복을 입혀 공작의 침대 위에 눕혔다. 그가 깨어나자, 사람들은 마치 그를 공작인 것처럼 극진히 대했다. 그러자 그 사람은 자신이 잠시 정신을 잃은 채로 살아온 게 틀림없다고 확신했다.

이 우화가 사람들 사이에서 왜 인기가 높을까? 인간 상태를 제대로 상징하기 때문이다. 인간은 이 세상에서 술 취한 사람 상태로 살아가는데, 가끔 술에서 깨어났을 때는 이성을 발휘하여 실은 자신

이 군주임을 발견한다는 것이다.[13]

있음의 느낌은 모든 사물의 원천

우리의 읽기에는 구걸과 아첨이 지나치게 많다. 역사를 보면, 상상력은 우리를 자주 희롱해왔다. 왕국, 영지, 권력과 재산 같은 단어는 "작은 집에서 평범한 일을 하며 살아가는 존이나 에드워드" 같은 말보다는 더 멋있어 보인다. 그러나 삶의 전반적인 구도는 왕이든 서민이든 똑같다. 그 둘이 남긴 삶의 총합은 똑같다. 그런데 왜 알프레드 왕, 스칸데르베그 왕, 구스타브 왕을 이토록 경배하는 것인가? 설사 그들이 덕스러웠다고 해도 과연 미덕을 철저하게 이행했다고 할 수 있을까? 오늘날 당신의 행동은 이런 왕들의 공적이고 유명한 발자취 못지않게 중요하다. 개인이 이런 독창적인 견해를 지니고 씩씩하게 행동에 나선다면 각광의 빛은 왕들의 행위에서 이런 깨어난 시민들의 행위로 옮겨갈 것이다.

세상은 왕들에게 지시를 받아 왔으며, 그들은 나라 전체의 시선을 한 몸에 받았다. 이 거대한 상징(왕)이 가르침을 주어, 사람에게서 사람으로 전해지는 상호 존경심이 생겨났다. 어디에서나 사람들은 기꺼이 충성심을 발휘하면서 왕, 귀족, 대지주가 그들 자신의 법률에 따라 사람들 사이를 자유롭게 활보하도록 허용했다. 또 왕, 귀족, 대

---

13 술 취한 사람 우화는 자기 신뢰라는 주제와 밀접한 관련이 있다. 작품 해설에서 "자기 신뢰"를 참조하라.

지주 들이 사람과 사물의 척도를 정하도록 허용하면서 민중의 척도를 뒤집어엎는 것을 허용했다. 왕, 귀족, 대지주는 그들이 얻은 혜택을 돈이 아니라 명예로 지불했고 그들의 몸이 곧 법률이 되었다. 왕, 귀족, 대지주는 사람들에게 일종의 상형문자 같은 존재가 되었는데, 이런 문자를 통해 민중은 자신의 권리와 주장, 즉, 모든 사람의 권리를 막연하게 표기(表記)할 수 있었다.

모든 독창적 행위가 왜 인간을 그토록 매혹하는지는 자기 신뢰의 이유를 탐구해보면 제대로 설명할 수 있다. 우리를 신뢰하는 이는 누구인가? 보편적 신뢰의 근거가 되는 원초적 자아란 무엇인가? 저 과학을 난처하게 만드는 별의 본성과 힘은 무엇인가? 별은 시차(視差)도 없고 측정 가능한 요소도 없지만, 조금이라도 독립적인 특징을 보여준다면 아무리 사소하고 불순하더라도 거기에 아름다운 빛을 쏘아주지 않는가?

이 탐구는 우리를 그 원천으로 인도하는데, 그것은 천재, 미덕, 생명의 본질로 우리가 자발성 혹은 본능이라고 부르는 것이다. 우리는 이 일차적 지혜를 직관(intuition)이라고 부른다. 그리고 그 뒤에 나오는 모든 가르침을 교양(tuition)이라고 한다.[14] 이처럼 깊은 곳에 숨어 있는 힘, 인간의 지적 분석이 미치지 못하는 최후의 것, 바로 여기에서 모든 사물은 공동의 원천을 발견한다.

조용한 시간에 우리의 영혼 속에서 솟아오르는(어떻게 솟아오르

◇◇◇◇

14 영어 단어로 보면 직관과 교양은 정반대의 뜻이다. 직관은 교양이 배제된 상태를 말하는데, 영단어 tuition(교양)은 라틴어 *tuitio*에서 나온 것으로 "보호하다, 가르치다, 명상하다" 등의 뜻을 지닌다. 이렇게 볼 때 직관은 가르침이나 명상 없이도 아는 것을 의미한다.

는지는 모르지만) 있음(being)의 느낌은 사물들과도 다르지 않고, 공간, 빛, 시간, 인간과도 다르지 않다. 그것은 그 모든 것과 하나이며, 분명 같은 원천에서 나오는데, 그 사물들의 생명과 있음도 모두 동일한 원천에서 나온다. 우리는 처음에는 사물을 존재하게 해주는 그 생명을 공유한다. 그 후에 사물들이 자연 속에 나타나는 것을 보면서, 우리가 실은 그것과 같은 원인을 공유한다는 것을 망각한다.[15]

여기에 행동과 사상의 원천이 있다. 여기에 사람들에게 지혜를 주는 영감의 허파가 있다. 그 영감을 부정한다는 것은 곧 신성모독이나 무신론과 같다. 우리는 거대한 지성[16]의 무릎 위에 누워 있다. 이 지성(로고스)은 우리를 그 진리의 수신자 그리고 그 행위의 기관으로 만든다. 우리가 정의를 알아보거나 진리를 알아볼 때, 우리는 아무것도 하는 게 없고 로고스의 빛이 우리 마음속을 통과하도록 허용할 뿐이다. 그 로고스가 어디에서 오는지 묻는다면, 또 그것의 원인인 영혼 속을 들여다보려 한다면 모든 철학은 제대로 답하지 못한다. 그 로고스의 존재와 부재만 겨우 확인할 수 있을 뿐이다.

모든 사람이 자발적인 마음의 작용과 비자발적인 지각(직관)을 구분하며, 그 직관 덕분에 비로소 온전한 신앙이 가능하다는 것을 안다. 그런 직관을 표현하는 일에서 오류가 있을 수 있지만, 직관으

◇◇◇◇

15 에머슨은 여기에서 신플라톤주의에서 말하는 '유출'에 대해 설명하고 있다.

16 immense Intelligence. 여기서 말하는 '지성'은 일자(One), 지성(Nous 혹은 Mind), 영혼(Soul)을 가리킨다. 일자는 가장 높은 수준의 신비한 의식으로 곧 하나님을 가리키며, 지성은 직관적 생각(의식), 영혼은 논리적 생각(의식)을 가리킨다. 지성과 영혼을 포함하여 모든 것은 일자로부터 유출되며, 따라서 선량하다. 그리고 모든 것은 그 원천을 반영한다. 이 지성을 '로고스'(합리성)로 이해하면 원뜻에 가까울 것이다

로 알게 된 것은 낮과 밤처럼 진리이며 반박 대상이 아님을 안다. 자의적 행동이나 습득된 지식은 제멋대로 돌아다닌다. 게으른 공상이나 희미한 원초적 정서는 나의 호기심과 존경심을 좌지우지한다.

생각이 얕은 사람들은 남의 의견을 반박하듯이 직관의 진술도 반박한다. 아니, 아주 즉각적으로 거세게 반박한다. 그들은 직관과 지적인 개념을 서로 구분하지 않기 때문이다. 그들은 이것 혹은 저것을 이렇게 혹은 저렇게 보기로 선택했다고 생각한다. 그러나 직관은 변덕스러운 것이 아니라 운명적이다. 만약 내가 어떤 특징을 직관적으로 보았다면 자녀들도 내 뒤를 이어 그것을 보게 될 것이고, 시간이 흘러 모든 인류도 보게 될 것이다. 하지만 나 이전의 사람들은 그것을 보지 못했을 수도 있다. 나의 직관은 하늘의 태양만큼이나 객관적인 사실이다.

영혼은 빛이다

영혼과 성령의 관계는 너무나 순수하여 그 사이에서 중매자의 도움을 받으려 한다면 신성모독이 된다. 하나님이 말씀하실 때는 어느 한 가지가 아니라 모든 것을 말하려고 한다. 온 세상을 그분 목소리로 가득 채우고, 현재 생각[17]의 중심에서 빛, 자연, 시간, 영혼 등을

◇◇◇◇
17 현재 생각(present thought)은 구약 성경 출애굽기 3장 13-14절에 나오는 말로 잘 설명할 수 있다. 모세가 하나님께 아뢰었다. "제가 이스라엘 백성에게 가서 '너희 조상들의 하나님께서 나를 너희에게 보내셨다'라고 말하면 그들이 '그 하나님의 이름이 무엇이냐?' 하고 물을 터인데 제가 어떻게 대답해야겠습니까?"(13) 하나님은 이 모

온 세상으로 흩어 보낸다. 그리하여 기원을 일신하고 만물을 새로 창조한다.

마음이 단순하여 신성한 지혜를 받아들인다면 모든 낡은 것은 사라져간다. 수단, 교사, 텍스트(성경), 신전 등은 사라진다. 마음은 현재 생생하게 살아서 현재의 시간에 과거와 미래를 흡수한다. 모든 것은 그 마음과의 관계에 따라 신성해지고 이것이나 저것이나 마찬가지다. 모든 사물은 그들의 원인(신성)에 따라 중심으로 용해되고, 이 보편적 기적 속에서 사소하고 특수한 기적들은 사라진다.

그러므로 어떤 사람이 하나님에 대하여 안다고 주장하면서 당신을 다른 나라, 다른 세상에서 통용되었던 어떤 낡은 민족의 고리타분한 문구로 인도한다면, 그의 말을 믿지 말라. 도토리가 어떻게 그것의 온전한 실현이며 완성인 참나무보다 더 나을 수 있겠는가? 부모가 자신의 원숙한 존재를 투입하여 만든 자녀보다 어떻게 더 나을 수 있겠는가?

그런데 왜 이처럼 과거를 숭배하는 것인가? 과거의 여러 세기는 영혼의 온전함과 권위에 반기를 든 음모꾼들이었다. 시간과 공간(역사)은 인간의 눈으로만 인식하는 생리적 색깔일 뿐이다. 그러나

◇◇◇◇

세의 질문에 "나는 곧 나다(I am that I am)"라고 대답하셨다. "나는 곧 나다"라는 우리말 번역으로는 be 동사의 뜻이 잘 드러나지 않으나, be 동사는 "있다"와 "이다"를 동시에 표현한다. 이것은 실재(實在) 판단과 속성(屬性) 판단을 동시에 포함하는 것으로 존재와 사유의 상호 일치를 의미한다. "나무가 있다"와 "나무이다"의 표현에서 볼 수 있듯이 신은 곧 존재이며 사유라는 뜻이다. 이것은 쉽게 풀이하면, "나는 나무이다"(I am a tree)라고 하나님이 생각하는 순간 자신이 곧 나무가 되거나, 저기 바깥에 나무가 생기는 것을 의미한다. 아래 문장에 나오는 에머슨의 "나는 생각한다"와 "나는 존재한다"도 이 성경 구절에서 영감을 받은 것으로 보인다.

영혼은 빛이다. 그것이 있는 곳은 대낮이요, 그것이 없는 곳은 밤이다. 역사는 나의 있음(being)과 되어감(becoming)을 격려하는 유쾌한 교훈담 혹은 우화가 되어야지 그 이상의 것이 되려 한다면 주제 넘고 유해한 것이 아닐 수 없다.[18]

장미에게는 시간이 없다

인간은 소심하고 구구하게 변명한다. 그는 더 이상 씩씩하지 않다. 그는 더 이상 "나는 생각한다", "나는 존재한다"라고 말하지 못하고 성인이나 현자의 말을 앵무새처럼 인용한다. 그는 풀잎이나 피어나는 장미 앞에서 부끄러움을 느낀다. 내 창문 밑에 핀 장미는 예전의 장미나 더 좋은 장미를 언급하지 않는다. 장미는 지금 이 순간 있는 그대로의 모습으로 존재한다.[19] 장미는 오늘 하나님과 함께 존재한다.

장미에게는 시간이 없다. 단지 장미가 있을 뿐이다. 그것은 존재하는 매 순간 완벽하다. 잎눈이 트기 전에 그 온 생명이 약동한다. 꽃이 활짝 피었다고 해서 그 활동이 더 많아지는 것도 아니고, 잎 없는 뿌리 상태라고 해서 활동이 더 적어지는 것도 아니다. 장미의 자연

◇◇◇◇

18 앞에서 나온 대로 역사의 사례를 따라 할 필요는 없다고 강조하고 있다. 있음과 되어감은 플라톤 철학의 주요 용어다. 작품 해설을 참고하라.

19 원어는 "they are for what they are"이라고 되어 있다. 출애굽기 3장 14절에 나오는 "나는 곧 나다(I am that I am)"와 동일한 구문이다.

(본성)은 충족되어 있고, 동시에 모든 순간마다 자연을 충족시킨다.

이에 비해 인간은 뒤로 미루거나 기억한다. 그는 현재에 살지 않는다. 뒤로 눈을 돌려 과거를 한탄하거나 그를 둘러싸고 있는 풍요로움을 의식하지 못한 채 발끝으로 서서 미래를 내다보려 한다. 장미처럼 시간을 초월하여 자연(본성)과 함께 현재에 살지 않는다면, 그는 결코 행복하거나 강인해질 수 없다.

이것은 너무나 분명한 사실이다. 그러나 아무리 뛰어난 지식인이라 할지라도 감히 하나님의 말을 직접 들으려고 하지 않는다. 다윗이나 예레미야나 바울 같은 사람들이 간접적으로 해주는 말이 아니면 신의 말을 듣지 못한다.

몇몇 경전이나 몇몇 사람의 삶에 대해 언제나 그런 식으로 높이 평가해야 하는 것은 아니다. 그렇게 하면 우리는 할머니나 교사의 말을 기계적으로 반복하는 어린아이와 같을 뿐이다. 그리고 나이가 들어가면서 우연히 만난 재주 있고 성품 좋은 사람들에게 들었던 말을 고통스럽게 기억하려고 애쓴다. 하지만 그런 말을 한 사람들의 관점을 품는다면 비로소 그 말뜻을 이해하고 더 이상 앵무새처럼 되뇌지 않을 것이다. 필요하다면 언제라도 그 비슷한 뜻으로 말할 수 있기 때문이다.

진실한 삶을 산다면 우리는 진실하게 사물을 볼 수 있다. 이것은 튼튼한 사람이 튼튼하게 행동하고, 허약한 사람이 허약하게 행동하는 것과 같은 이치다. 우리가 새로운 지각(직관)을 갖는다면 지각 속에 축적한 보물들에 관한 기억을 낡은 쓰레기처럼 대하고 내다버릴 수 있다. 인간이 하나님과 함께 산다면 그의 목소리는 시냇물의 속삭임 혹은 보리이삭의 살랑거림처럼 부드러울 것이다.

이 주제에 관한 최고의 진실에 관해서는 아직 할 말이 있다. 우리는 많은 것을 말했지만, 직관에서 멀리 떨어진 기억에 불과하다. 지금 이와 관련해서 가장 근접하게 말해보면 대강 이러한 사상이다. 선(善)이 당신 가까이 있고 또 당신 안에 생명이 약동한다면, 그것은 기존에 알려진 어떤 익숙한 방식으로 얻어진 것이 아니다. 당신은 그 선과 생명에서 다른 사람의 발자취, 얼굴, 이름을 분간하지 못할 것이다. 그 방식, 그 생각, 그 선은 온전히 새롭고 낯설다. 유사한 사례나 경험이 없다.

당신은 그 길을 사람에게 받을 수 있으나 타인에게 전하지는 못한다. 일찍이 이 지상에 존재했던 모든 사람은 그 길을 가리키는 잊힌 스승들이다. 그 길 아래에는 공포와 희망이 똑같이 있다. 심지어 희망에도 다소 음울한 부분이 있다. 비전을 보는 시간에도 고마움이나 즐거움 같은 것은 없다. 격정을 초월한 영혼은 세상과 자신(영혼) 사이의 동일성과 영원한 인과관계를 보며, 진리와 정의가 스스로 존재하는 것을 지각하며, 모든 것이 잘 조화할 것이라는 사실을 깨달으면서 스스로 평온함을 느낀다.[20]

대서양이나 남태평양 같은 자연의 광대한 공간, 여러 해나 여러 세기 같은 긴 시간, 이런 것들은 중요하지 않다. 내가 생각하고 느끼는 이것[21]은 삶과 상황을 이루는 모든 예전 상태를 지탱해주었고, 현재도 밑바탕을 이루며, 소위 삶과 죽음의 바탕을 구성한다.

◇◇◇◇

20 에머슨은 여기서 신플라톤주의의 유출 사상을 전개하고 있다.

21 영혼이 세상과의 동일성과 영원한 인과관계를 느끼면서 모든 것이 잘 조화하리라고 믿는 것을 말한다.

자기 영혼으로 우뚝 서려면

삶은 지금 이 순간의 것, 이미 살아가면서 지나가 버린 세월은 지나간 것이다. 휴식을 취하는 순간에 힘은 정지한다. 힘은 과거의 상태에서 새로운 상태로 이전하는 순간, 심연을 뛰어넘는 순간, 목표를 향해 날아가는 순간에 존재한다. 영혼은 이처럼 되어감(becomes)을 지향한다.

그러나 세상은 그런 사실을 무엇보다도 싫어한다. 그것(되어감)이 과거를 영원히 타락하게 하고, 모든 부를 가난으로 만들며 모든 명성을 수치가 되게 하고, 성인과 악당을 혼동하게 만들고, 예수와 유다를 동시에 무시한다고 보기 때문이다.

그렇다면 우리는 여기서 왜 자기 신뢰를 언급하는가? 자기 영혼이 여기 우뚝 서 있는 한, 말로 하는 힘이 아니라 실제로 활동하는 힘이 있기 때문이다. 신뢰에 대하여 말만 하는 것은 신뢰를 피상적으로 이해한 것이다. 그보다는 실제로 존재하고 지금 여기서 활동하며 작용하기 때문에 신뢰할 수 있는 것을 말하도록 하라. 이 힘에 나보다 더 많이 복종하는 이가 나를 지배한다. 비록 그분은 손가락 하나 까닥하지 않더라도 말이다.

나는 성령의 중력에 이끌려 그분 주위를 회전한다. 우리는 뛰어난 미덕을 말할 때 하나의 수사에 지나지 않는다고 생각하지만, 미덕이 '높이'임을 아직 깨닫지 못하는 것이다. 이 원리에 신축적으로 대응하고 받아들이는 사람은 원리를 무시하거나 받아들이지 않는 모든 도시, 국가, 왕, 부자, 시인을 압도하고 지배한다. 이것이 다른

주제와 마찬가지로 이 주제(높이)에 대하여 재빨리 도달할 수 있는 궁극적 사실이다.[22]

모든 사물은 영원히 축복받는 일자(一者)로 돌아간다.[23] 스스로 있는 것이 "제1원인"의 속성이다. 이 일자가 낮은 형태의 사물 속으로 얼마나 스며들어 가 있느냐에 따라 그 사물이 발하는 선(善)의 정도가 결정된다. 모든 사물은 일자의 미덕을 얼마나 내포하고 있느냐에 따라 실재하는 존재의 형태가 결정된다. 상업, 농업, 사냥, 고래잡이, 전쟁, 웅변, 개인적 영향력은 덕과 불순한 행위[24]가 공존하는 사례이며 나도 여기에 관심을 두고 있다.

자연계에서도 보존과 성장을 위하여 동일한 법칙이 작동한다. 힘은 자연계에서 옳음의 본질적 기준이다. 자연은 스스로 돕지 않는 것이 자기 왕국 내에 머무르는 것을 허용하지 않는다. 어떤 별의 생성과 성장, 그 평형과 궤도, 강풍에 휘어졌다가 스스로 본 모습을 회복하는 나무, 모든 동식물의 생명력 등은 자족적인 영혼, 자기를 신뢰하는 영혼을 구체적으로 보여주는 사례다.

이렇게 하여 모든 것이 한곳으로 집중한다. 배회하지 말아야 한

◇◇◇◇

22 '높이'는 신플라톤주의 유출 사상에서 나온 것이다. 인간은 소우주로서 자연, 영혼, 초월적 지성의 모든 수준에서 활동적이 될 수 있다. 인간이 의식(생각)을 어느 수준까지 높이느냐에 따라 존재가 결정된다. 자연 또한 명상을 하지만, 그 명상은 꿈 같은 것으로 위(원천 혹은 높이)로부터 별로 활력을 받지 못한다. 게다가 자연의 생산물은 너무 취약하여 물질의 완전한 부정성(정신이 깃들어 있지 않음)에 대하여 반성을 하지 않는다. 개개 영혼은 세계영혼의 발현체로 물질적 세상의 특정 부분에만 집중되어 있다.

23 신플라톤주의에서 일자는 하나님을 가리킨다.

24 하나님의 빛이 완벽하게 스며들지 않은 형태의 존재이므로 불순한 행위라고 했다.

다. 우리는 대의를 지키며 집에 편안히 앉아 있어야 한다. 이런 신성한 사실을 간결하게 선언함으로써, 불쑥 우리를 침입해 오는 사람, 책, 제도의 잡동사니를 놀라게 하고 겁먹게 하라. 여기 신이 우리 내부에 있으니 그 침입자들은 신발을 벗고 들어오라고 명령하라. 우리의 단순명료함이 그들을 심판하게 하고, 우리는 스스로 정한 법을 철저히 지킨다고 선언하라. 자신의 타고난 풍요로움으로 자연과 운명의 빈곤함을 증명하라.

이제는 가슴이 시키는 일을 하라

그러나 지금 우리는 어리석은 군중에 불과하다. 인간이라는 존재를 경외로 대하지 않는다. 집에 머무르면서 내면의 큰 바다와 소통하라는 충고를 받지도 않고, 대신에 밖으로 나가서 남의 항아리에서 한 접시의 물을 구걸하는 식이다.

우리는 혼자서 가야 한다. 나는 예배가 시작되기 전, 교회의 고요함을 그 어떤 설교보다 좋아한다. 신성한 경내 혹은 성소에 둘러싸인 채 신자 석에 앉아 있는 사람들은 얼마나 초연하고 신선하고 순결하게 보이는가! 그러니 우리는 언제나 조용히 앉아 있도록 하자. 우리의 친구, 아내, 아버지, 아이가 벽난로 주위에 앉아 있고, 피를 나누었다고 해서 우리가 그들의 잘못을 떠안아야 하는가? 인류에게는 내 피가 흐르고, 나에게도 모든 사람의 피가 흐른다. 그렇다고 해서 그들의 심술이나 어리석음을 따라 할 생각은 없다. 오히려 그것을 부끄럽게 여긴다.

그러나 당신의 고립은 기계적인 것이 되어서는 안 되고, 그보다는 정신적인 것, 즉 마음을 드높이는 것이 되어야 한다. 때때로 온 세상이 아주 사소한 것으로 당신을 괴롭히려고 작정한 것처럼 보인다. 친구, 고객, 아이, 질병, 공포, 결핍, 자선 등이 동시에 당신의 내실(內室) 문을 두드리면서 말한다. "어서 나와서 우리에게 합류하세요." 그러나 당신의 고적한 상태를 유지하라. 그들의 혼란 속으로 뛰어들지 말라. 사람들이 나를 괴롭히는 것은 내 미약한 호기심이 그렇게 하도록 허용했기 때문이다. 나를 통하지 않고는 누구도 내 곁에 가까이 다가올 수 없다. "우리는 사랑하는 것을 가질 수 있으나, 욕망은 그 사랑을 잃게 만든다."

우리가 복종과 신앙의 성스러운 경지에 즉각 오를 수 없다면 적어도 유혹은 물리치도록 하자. 전쟁 상태에 돌입하여, 우리 색슨족 가슴에 전투의 신(神) 토르와 오든을 불러오고, 용기와 굳건한 기상을 일깨우도록 하자. 겉만 번드레한 우리 시대에 이렇게 하려면 오로지 진실만을 말해야 한다. 이 시대의 거짓 환대와 거짓 애정을 견제하라. 우리가 말을 섞는 이 속고 속이는 사람들의 기대에 부응하며 살아가는 삶을 즉시 중단하라. 그들에게 이렇게 말하라.

"아버지, 어머니, 아내, 형제, 친구여. 나는 지금껏 겉모습만 중시하면서 여러분과 함께 살아왔습니다. 하지만 지금부터는 오로지 진실만을 말하겠습니다. 나 자신을 향하여 스스로 이렇게 다짐하겠습니다.

앞으로 나는 영원한 법 이외의 법에는 복종하지 않겠습니다. 진리의 구현체가 아니라면 어떤 것과도 계약을 맺지 않겠습니다. 부모를 봉양하고 가족을 부양하고 아내에게 정절을 지키겠습니다. 그러나 이런 관계를 새롭고 전례 없는 방식을 따라 유지할 것입니다. 관습을 그대로 따르진 않겠습니다. 나는 나 자신이 되어야 합니다. 더 이상 여러분을 위해 나 자신을 길들이려 하지 않겠습니다. 이것은 여러분도 마찬가지입니다. 만약 여러분이 내 모습 그대로를 사랑할 수 있다면, 우리는 더욱 행복하겠지요.

당신이 그렇게 할 수 없더라도, 나는 지금 이대로도 사랑받을 수 있도록 애쓰겠습니다. 좋아하거나 싫어하는 것을 감추지 않겠습니다. 나는 깊은 것이 성스럽다고 믿기에, 내 마음이 기뻐하는 대로 내 가슴이 시키는 대로 강력하게 나갈 것임을 해와 달 앞에서 맹세합니다.

당신이 고상하다면 나는 당신을 사랑할 것입니다. 그렇지 않다 해도 위선적인 입발림이나 행동으로 당신과 나를 해치지 않을 것입니다. 당신이 진실하지만, 그 진실이 내가 믿는 진실과 같지 않다면, 친구들에게 돌아가도록 하십시오. 나는 내 친구를 찾겠습니다. 이기심 때문이 아니라, 겸손하고 진실한 마음으로 나는 이렇게 하고 있습니다.

우리가 아무리 오랫동안 거짓 속에서 살아왔더라도, 진실 속에서 살아간다면 당신과 나 그리고 모든 사람의 이익에 부합합니다. 이런 이야기가 너무나 가혹하게 들리나요? 하지만 당신도 곧 나 못지않게 당신의 본성이 명하는 바를 사랑하게 될 겁니다. 우리가 진리를 따른다면 그것이 우리를 안전하게 인도할 것입니다."

당신이 이런 식으로 말하면 친구들이 고통을 받을 수도 있다. 그러나 그들의 체면을 위해 자유와 힘을 팔아넘길 수는 없다. 게다가 사람은 이성의 가르침을 따르는 순간이 있을 것이고, 그들이 절대 진리의 영역을 들여다본다면 내 말이 옳다고 생각하고 나와 똑같이 행동할 것이다.

의무의 수행: 직접적 혹은 반영적 방식

잘 알려진 세상의 기준을 거부하면 대중은 당신이 모든 기준을 거부하고 도덕률 폐기론[25]을 믿는다고 생각한다. 사실 대담한 쾌락주의자는 그럴듯한 철학의 이름을 빌려 자기 범죄를 치장하는 법이다. 그렇지만 사람에게는 의식의 법칙이 남아 있기에 스스로 죄악을 의식한다.

죄악을 속죄하는 데에는 두 방식이 있는데, 직접적인 방식과 반영적인 방식 중 하나를 선택하여 일련의 의무를 수행함으로써 자신을 깨끗이 해야 한다.

반영적인 방식(reflex way)은 어떤 대상과의 관계에서 발생하는 의무를 수행하는 것을 뜻한다. 가령 아버지, 어머니, 사촌, 이웃, 고양이와 개, 이런 대상들과의 관계를 충족시켰는지 혹은 그들 중 누군가가 당신을 비난하지는 않는지 고려하며 의무를 수행한다.

직접적인 방식은 이런 반영적인 기준을 무시하고 스스로 무죄를 선언하는 것이다. 나에게는 자신만의 엄격한 주장과 완벽한 경계가 있다. 이 방식은 소위 의무라고 하는 여러 행위에 그런 명칭을 붙

---

25 신앙이 있으면 구원을 받는다고 하여 도덕률대로 사는 것을 부인한 이론. 16세기 종교개혁 시절, 독일에서 일어났다.

이길 거부한다. 내가 그 경계 내의 요구 사항을 따를 수만 있다면 대중적 기준은 무시할 수 있다. 이런 법이 느슨하다고 생각하는 사람이 있다면, 하루만이라도 그 계율을 지켜보라고 권한다.[26]

인류 공통의 동기들을 내던지고 자기 신뢰를 스승으로 삼는 사람이라면 내면에 신과 같은 것이 있어야 한다. 그런 자들의 마음은 아주 높고 의지는 굳건하고 시야는 아주 밝아서, 그는 스스로 교리, 사회, 법률이 될 수 있고, 그가 정한 순일한 목적은 남이 따르는 필연의 철칙이 될 수도 있다!

누군가가 소위 사회라는 것이 현재 어떤 상황인지를 곰곰이 생각한다면, 그는 이런 종류의 윤리가 필요함을 인정할 것이다. 인간의 근육과 심장은 흐물흐물 늘어진 듯하고, 우리는 소심하고 절망을 빠지고 징징거리는 겁쟁이가 되어버렸다. 우리는 진리를 두려워하고 운명을 두려워하고 죽음을 두려워하고 서로를 두려워한다. 우리 시대는 위대하고 완벽한 사람들을 배출하지 못한다. 우리는 현재 삶과 사회 상태를 획기적으로 혁신할 남녀를 원한다.

그러나 우리는 대부분 파산 상태이고 자기 필요조차 충족하지 못하며, 실력과는 전혀 어울리지 않는 야망을 품고 있고, 밤낮으로 끊임없이 허리를 굽히며 구걸한다. 우리의 살림살이는 구걸 행위와

◇◇◇◇

26 에머슨은 여기에서 자기 신뢰의 확실한 근거인 성령에 대해 말하고 있다. 엄격한 주장과 완벽한 경계는 곧 이 성령을 가리킨다. 좀 더 구체적인 사례를 들자면 종교개혁을 일으킨 마르틴 루터는 교황청이라는, 기독교 신자에게 의무를 부과하는 최고 기관에 반항하여 그 의무를 거부했다. 교황이 성경 말씀보다 위에 있을 수는 없고, 따라서 성경 말씀이 내게 부여한 성령을 따르는 것은 의무 위반이 아니라고 여긴 것이다. 에머슨은 이 성령에 대하여 '오버 소울(over-soul)'이라는 용어를 사용하는데, 이는 기독교 정통파에서 말하는 성령과는 다소 다르다.

비슷하다. 우리의 예술, 직업, 결혼, 종교는 스스로 선택한 것이 아니라, 사회가 우리 대신 선택해준 것이다. 우리는 집 안에서만 힘을 내는 이불 속 병사와 같다. 진정한 힘을 얻게 하는 운명과의 거친 전투는 애써 피하고 있다.

자기 신뢰의 네 가지 실천

젊은이들은 처음 시도에서 실패하면 낙담한다. 젊은 상인이 사업에 실패하면 사람들은 망했다고 말한다. 뛰어난 재주를 가진 젊은이가 대학에서 공부를 마치고 1년 이내에 보스턴이나 뉴욕의 대도시에서 취직하지 못해, 낙담한 채 불평만 하면서 살아가는 모습을 보여도 친구들은 당연하다고 생각한다. 반면에 뉴햄프셔나 버몬트 출신의 신체 단단한 청년이 여러 직업을 거치면서 운송 일을 하고, 농사짓고, 장사하고, 학교를 운영하고, 설교하고, 신문을 편집하고, 의회에 진출하고, 넓은 면적의 땅을 사들인다면, 그는 도시의 인형 같은 백 명보다 더 나은 사람이다. 그는 '전문직 공부'를 하지 않는 것에 전혀 부끄러움을 느끼지 않는다. 그는 자기 인생을 뒤로 미루지 않았고, 시대와 나란히 걸으면서 지금 이 순간을 성실히 살아가기 때문이다. 그에게는 한 번의 기회만이 아니라 백 번의 기회가 있다.

여기서 스토아 철학자를 초대하여 인간의 능력을 펼쳐 보이게 하자. 인간은 남에게 의지하길 잘하는 버드나무가 아니다. 인간은 자신을 타인에게서 떼어낼 수 있고 또 그렇게 해야만 한다. 인간은 자기 신뢰를 실천함으로써 새로운 힘을 얻는다. 그는 육신이 된 말씀이며,[27] 온 세상 사람을 치유하기 위해 태어났다.[28] 자기를 신뢰하며 행동하는 순간, 법률, 책, 우상숭배, 관습 따위는 창밖으로 버려진다. 우리는 자기 신뢰를 실천하는 사람을 더 이상 연민하지 않으며 그에게 감사하고 그를 존경한다. 그 교사는 인간의 생명을 영광으로 회복시키고 인간의 이름을 모든 역사에 소중한 것으로 만든다.

그래서 우리는 다음과 같은 사실을 쉽게 알아볼 수 있다. 위대한 자기 신뢰는 인간의 일과 관계, 종교, 교육, 사업, 생활 방식, 교제, 재산, 관념적 생각 등에서 혁명을 일으킨다.

1. 진정한 기도를 올려라

사람들이 기도를 올리는 방식을 지켜보라. 그들이 거룩한 기도라고 부르는 것은 용감하지도 않고 남자답지도 않다. 우리의 기도는 외부를 바라보면서, 자기와는 관계도 없는 미덕을 통하여 외부의 것이 추가되기를 바란다. 자연과 초자연, 중재와 기적 사이의 끝없는 미로 속에서 자신을 잃어버린다. 전적으로 선하지 않은 것을 구하는 기도, 특정한 물건을 구하는 기도는 사악하다.

기도는 가장 높은 관점에서 인생의 피할 수 없는 사실들을 관조

<hr>

27 "그 말씀은 육신이 되어 우리 가운데 사셨다"(요 1:14). 여기서 말씀은 로고스를 가리킨다.

28 신약성경 요한계시록 22장 2절 다음은 이렇게 이어진다. "다시 저주를 받을 일이라고는 아무것도 그 도성에 없을 것입니다. 하나님과 어린 양의 보좌가 도성 안에 있고, 그의 종들이 그를 예배하며, 하나님의 얼굴을 뵐 것입니다. 그들의 이마에는 그의 이름이 적혀 있고"(계 22:3-4). 에머슨은 자기 신뢰를 실천한다면 인간이 신성을 회복하여 하나님 나라로 들어간다는 뜻으로 이 구절을 부분 인용하고 있다.

하는 일이다. 그것은 사물을 관조하며 기뻐하는 영혼의 독백이다. 그것은 당신이 하신 일이 선하다고 선언하시는 성령의 일이다. 그러나 개인적 목적을 달성하기 위해 올리는 기도는 저속한 도둑질이다. 그런 기도는 자연(본성)과 의식(생각)의 합일을 요구하지 않는데, 여기에는 이원론이 전제되어 있다.

인간이 하나님과 하나가 되면 구걸을 하지 않는다. 그는 기도가 곧바로 행동이 되는 것을 본다. 잡초를 뽑아내려고 들판에 쪼그려 앉아 올리는 농부의 기도, 노를 젓기 위해 앉은 노잡이의 기도, 이런 것들은 값싼 목적을 위한 것이지만, 자연 전체를 통해 들려오는 진정한 기도이다. 플레처[29]의 희곡 『본두카』에 나오는 등장인물 카라타크는 아우다테 신의 속마음을 알아보라는 조언을 받고 이렇게 대답한다.

그분의 감추어진 의미는 우리의 노력 속에 깃들어 있지
우리의 용기가 곧 우리의 가장 좋은 신이지.

거짓 기도의 또 다른 형태는 후회다. 불만은 자기 신뢰의 결핍에서 생겨난다. 그것은 의지의 빈약함이기도 하다. 불행을 후회하면서도 고통받는 사람을 도와줄 수만 있다면 그렇게 해도 좋다. 그렇지 않다면 자기 일을 열심히 하라. 그러면 악은 벌써 고쳐지기 시작한다. 우리의 동정도 후회 못지않게 비천하다. 우리는 어리석게 우는

◇◇◇◇
29 존 플레처(1579-1625)는 셰익스피어와 동시대인이며 잉글랜드의 극작가였다.

사람들을 찾아가 함께 주저앉아 운다. 하지만 그보다는 그들에게 거친 충격과 함께 진실과 건강을 나누어 줌으로써 그들이 이성을 되찾아 이성과 소통하도록 해야 하는데 그렇게 하지 않는다.

운의 비밀은 우리 가까이에 있는 즐거움에 있다. 신과 인간은 스스로 돕는 자를 환영한다. 그(스스로 돕는 자)에게는 모든 문이 활짝 열리고, 모든 혀가 인사말을 하며, 모든 영예가 수여되며, 모든 눈이 자꾸만 보고 싶다는 듯 뒤쫓는다. 그는 우리 사랑을 필요로 하지 않기 때문에 사랑은 그에게로 향하고 그를 포옹한다. 그가 자기 길을 굳게 지키고 우리의 승인 여부는 우습게 보기 때문에 우리는 간청하듯 혹은 변명하듯 그를 쓰다듬고 축하한다. 사람들이 그를 미워하므로 신들은 그를 사랑한다. 조로아스터는 이렇게 말했다. "꾸준히 버티면서 묵묵히 자기 일을 해나가는 자에게 축복의 신들은 재빨리 도움의 손길을 뻗는다."

오늘날 사람들의 기도가 의지의 질병이듯, 그들의 신조는 정신의 질병이다. 그들은 저 어리석은 이스라엘 사람들처럼 말한다. "우리가 죽을지도 모르니 하나님이 우리에게 직접 말하게 해서는 안 됩니다. 대신에 당신이 우리 중 누구에게라도 말씀하소서. 그러면 우리는 복종할 것입니다."[30] 내 형제를 만날 때마다 나는 그들 내부에 있는 하나님을 만나는 데 어려움을 겪는다. 그가 자신의 성전 문을 단

◇◇◇◇

30 구약 성경 출애굽기 20장 19절을 간접 인용했다. 온 백성은 우렛소리와 불길과 뿔나팔 소리와 연기에 싸인 산을 보고 있었다. 백성은 그것을 보고 떨면서 멀찍이 서 있었다. 이때 그들은 모세에게 말했다. "모세에게 이르되 당신이 우리에게 말씀하소서 우리가 들으리이다 하나님이 우리에게 말씀하시지 말게 하소서 우리가 죽을까 하나이다"(개역개정).

단히 걸어 잠그고, 단지 그의 밖에 있는 하나님 혹은 형제의 밖에 있는 하나님에 대해서만 헛소리를 지껄이기 때문이다.

모든 새로운 마음은 새 분류법을 만든다. 영국의 철학자 로크, 프랑스의 화학자 라부아지에, 스코틀랜드의 지질학자 허튼, 영국의 철학자 벤담, 프랑스의 사회주의 철학자 푸리에처럼 비범한 힘과 행동력을 갖춘 사람의 마음이라면, 남에게도 자기의 분류법을 적용하고, 그리하여 새 체계가 나타난다. 사상의 깊이에 비례하여, 사상이 영향을 미치는 대상과 끌어들이는 추종자 숫자에 비례하여, 그 사상을 주창한 사람의 자기만족도 커진다. 이런 현상은 신앙 신조와 교회에서 눈에 띄게 드러난다. 강력한 사상가들은 지존자인 신과의 상호 관계나 의무라는 기본 개념에 작용하는 분류법을 만든다. 칼뱅주의, 퀘이커주의, 스베덴보리 사상 등이 그러한 예다.

이런 교리의 추종자들은 모든 것을 새로운 용어에 따라 분류하면서 즐거움을 느낀다. 그것은 식물학을 처음 배우는 소녀가 새 땅과 새 계절을 보면서 느끼는 것과 같은 즐거움이다. 그런 즐거움은 한동안 지속하고, 그 교리의 추종자는 스승의 사상을 연구함으로써 자신의 지적 능력이 확장하는 것을 경험한다.

그러나 균형 잡힌 정신의 소유자가 아니면 그런 새로운 교리는 곧 문제를 일으키기 시작한다. 그러한 구분법은 곧 우상화되고, 바로바로 사용 가능한 수단이 아니라, 목적 자체로 높이 떠받들어진다. 그리하여 그들 눈에는 그 체계를 둘러싼 벽들이 먼 지평선에서 우주를 둘러싼 벽들과 섞인다. 그리하여 그들이 보기에 천상의 빛은 그들의 스승이 세운 아치(arch)에만 비친다. 추종자들은 다른 사람도 그 빛을 볼 수 있다고 상상하지 못한다. 감히 어떻게 그 빛을 본단 말인

가. "그렇다면 당신은 그 빛을 우리에게서 훔쳐간 게 틀림없어." 추종자들은 그 빛—체계가 없고 지배할 수 없는 빛—이 다른 오두막도 다 비추고 심지어 그들의 오두막도 비춘다는 것을 모른다.

그들이 제멋대로 지껄이면서 그 빛이 자기만의 것이라고 말하게 두자. 그들이 정직하고 성실하게 행동하는 사람이라면, 곧 그들의 깨끗하고 새로운 가축우리는 너무 비좁고 낮아서, 금이 가고 기울어지고 부패하다가 사라지게 될 것이다. 그러면 언제나 젊고 즐거우면서 백만 가지 형체와 백만 가지 색깔을 가진 저 불멸의 빛이, 천지창조의 첫 아침처럼 온 우주에 비치게 될 것이다.

2. 어디를 가든 너 자신이 되라

이탈리아, 잉글랜드, 이집트로 여행을 가면 새로운 삶을 시작할 수 있으리라는 미신이 교양 있는 미국인들을 사로잡고 있다. 자기 문화(self-culture)가 없어 이런 일이 생긴다. 상상 속에서 잉글랜드, 이탈리아 혹은 그리스를 숭상하는 사람들은 그곳을 마치 지구의 축이나 되는 양 집착했으므로 그런 현상이 나타났다.

영혼은 여행자가 아니다. 현명한 사람은 집에 머무른다. 어떤 필요와 의무 때문에 때때로 집 밖으로 나서거나 외국에 가더라도, 그는 여전히 집에 머물러 있다. 그러면서 지혜와 덕을 전달하는 대사(大使)로서 해외로 나가고, 주권자처럼 그런 도시나 사람들을 방문하는 것이지, 침입자나 시종으로 따라가는 것이 아님을 자기 얼굴로 사람들에게 드러낸다.

나는 예술, 유학, 자선 행위의 목적으로 해외 일주에 나서는 것을 심술 사납게 반대하지는 않는다. 여행자는 견문을 넓힐 수 있을 테니까 말이다. 하지만 자신이 이미 알고 있는 것보다 더 많은 것을 발견하리라는 희망을 품은 채 여행에 나서지는 말기 바란다. 즐거움을 얻으려고, 자신에게 없는 것을 얻으려고 여행하는 사람은 자기 자신에게서 도망치는 여행을 하는 것이고, 오래된 유적들 사이에서 청년답지 않게 쉬 늙고 만다. 고대 도시 테베와 팔미라에서, 그의 의지와 마음은 그 도시 못지않게 오래되고 황폐해진다. 그는 폐허에 또 다른 폐허를 보탤 뿐이다.

여행은 어리석은 자의 낙원이다. 한 번이라도 여행을 해보면 명소라는 게 별 차이가 없다는 것을 알아차린다. 집에 있을 때 나폴리나 로마에 가면 도시의 아름다움에 취해 내 슬픔일랑 모두 잊을 것으로 생각했다. 나는 여행 가방을 꾸리고, 친구들과 작별의 포옹을 하고, 뱃길 여행에 나선 다음 마침내 나폴리의 호텔에서 잠을 깼다. 그런데 내 옆에는 냉엄한 현실이 버티고 있었다. 내가 도망쳐 왔던, 미국에 있을 때와 똑같은 저 엄혹하고도 슬픈 자아가 나와 함께 깨어났던 것이다. 바티칸과 왕궁을 보면서 그 광경과 설명에 사로잡힌 척했지만, 실은 멀쩡했다. 내가 어딜 가든 나의 거인은 함께 간다.

3. 독창적인 사람이 되라

여행에 대한 인기는 보다 깊은 불건전함을 드러내는 징후인데, 이는 지적 활동 전체에 영향을 미친다. 지성은 본디 방랑자와 같은데, 우리의 교육제도는 불안정을 조성한다. 몸은 고향에 남으라는 강요를 받는데, 우리의 정신은 여행한다.

우리는 모방한다. 모방이란 정신의 여행(방황)이 아니고 무엇이겠는가? 집들은 이국적인 기호에 맞추어 지어지고, 장식장은 외국의 장식품으로 번드레하게 꾸며진다. 우리의 의견, 기호, 능력은 허약하여 '과거'와 '먼 것'을 따른다.

예술 활동이 꽃피우는 곳 어디에서든 영혼은 예술을 창조한다. 예술가가 본보기를 찾을 때 영혼은 언제나 자기 마음속에 있었다. 해내야 할 일과 관찰해야 할 조건에 예술가는 자기 사상을 적용하는 것이다.

그러니 왜 우리가 도리아 모델이나 고딕 모델을 모방해야 하겠는가? 아름다움, 편리함, 생각의 장엄함과 기발한 표현 등은 다른 사람 못지않게 우리 주위에도 있다. 만약 미국인 예술가가 기후, 토양, 하루 길이, 국민의 요구, 정부의 습관과 형식 등을 잘 감안해 희망과 사랑을 품고 집중 연구한다면, 그는 이 모든 것을 잘 수용하여 기호와 정서를 만족시키는 집을 지을 수 있다.

당신 자신을 믿어라. 결코 모방하지 마라. 매 순간 자기 재주를 내보여라. 평생에 걸쳐 쌓아온 누적된 힘을 보여줘라. 빌려온 남의 재주는 일시적이고 그나마 절반도 채 당신 소유가 되지 못한다. 각자는 조물주가 자신에게 가르쳐준 것을 가장 잘할 수 있다. 당사자가 그 재능을 직접 보여주기 전에는 아무도 그것이 무엇인지 알 수 없고 또 알아낼 수도 없다.

셰익스피어에게 극작을 가르쳐줄 스승은 어디 있는가? 프랭클린, 워싱턴, 베이컨, 뉴턴에게 가르침을 줄 수 있는 스승은 어디 있는가? 모든 위대한 사람은 저마다 독창적이다. 스키피오에게 있는 스키피오 정신은 누구에게서도 빌려올 수 없다. 셰익스피어 같은 사람은 셰익스피어가 쓴 작품을 백날 연구한다고 만들어지지 않는다. 당신에게 맡겨진 일을 성실히 해나가라. 그러면 어떤 큰일도 바랄 수 있고 한번 해보겠다고 나설 수 있다.[31] 바로 이 순간에 당신은 그리스 조각가 페이디아스의 거대한 끌, 이집트인들의 흙손, 모세나 단테의 펜에 못지않은 용감하고 장엄한 발언을 할 수 있다. 이 모든 것과 다른 당신만의 것으로 말이다.

그러나 영혼이 아무리 풍성하고 웅변적이며 또 일천 개의 혀를 가지고 있더라도, 똑같은 모습을 되풀이하지는 않는다.[32] 그러나 당신이 이런 대가들의 말하는 바를 들을 수 있다면, 당신은 똑같은 높이로 그들에게 대답할 수 있을 것이다. 귀와 혀는 하나의 자연(본성)에서 나오는 두 가지 기관이기 때문이다. 소박하고 고상한 생활을 이어가면서, 심장이 시키는 대로 복종하라. 그러면 당신은 태고의 세계를 다시 만들어낼 수 있을 것이다.

4. 문명의 본 모습을 파악하라

우리의 종교, 교육, 예술이 외부를 바라보듯이, 우리의 사회정신

◇◇◇◇

31 스키피오는 기원전 210년 아버지 스키피오가 스페인 전선에서 사망한 후, 로마 장군들이 스페인 부족과 카르타고 부대의 연합군을 무서워하여 아무도 나서지 않을 때 혼자 스페인 전역 사령관으로 자원한 인물이다. 그 후 기원전 204년, 한니발의 이탈리아 침략 기간이 15년이나 이어지자, 아프리카 북부의 카르타고 본부를 공격해 한니발을 이탈리아에서 뽑아내야 한다는 획기적인 전략을 제안하여 성사시켰다. 그 후 한니발이 카르타고 본국을 지키려고 이탈리아에서 아프리카 북부로 철수하기 전에 현지의 스페인 부대와 북아프리카 누미디아 부대를 모두 규합하여 기원전 202년 자마에서 한니발과 대결하여 승리를 거두었다.

32 여기서 영혼은 자기 신뢰의 핵심 추진력인 '오버 소울'을 가리킨다. 오버 소울이 셰익스피어, 단테, 스키피오 같은 사람들의 몸에 들어가 그런 위인을 만들어내기는 했으나, 그 오버 소울이 당신 몸에 들어오더라도 똑같은 사람(셰익스피어, 단테, 스키피오 등)을 만들어내지는 않는다는 뜻이다.

또한 그렇게 하고 있다. 모든 사람이 사회가 진보했다고 자랑하지만, 진보한 사람은 아무도 없다.

사회는 결코 진보하지 않는다. 한쪽에서 빠르게 진전하면 다른 한쪽에서는 빠르게 후퇴한다. 그것은 지속적인 변화를 겪는다. 야만적인 사회가 문명화하고, 기독교를 받아들이고, 부유해지고 과학에 눈을 뜬다. 그러나 이러한 변화는 일방적으로 좋은 쪽으로만 진행되지 않는다. 뭔가 득 보는 것이 있으면 잃는 것도 있다. 새 기술을 획득한 사회는 오래된 본능을 잃어버린다.

미국인과 뉴질랜드 원주민의 차이는 엄청나다. 미국인은 좋은 옷을 입고, 책을 읽고, 글을 쓰고, 사색하고, 시계를 차고 연필과 환어음을 호주머니에 넣고 다닌다. 원주민은 몽둥이, 창, 거적을 들고 다니고, 농가 헛간 20분의 1 정도 되는 크기에 칸막이도 없는 공간에서 다른 열아홉 명의 원주민과 함께 잔다. 그러나 두 사람의 건강 상태를 비교해보라. 그러면 백인이 원주민의 강건한 체력과는 상대가 되지 않음을 금방 알 것이다. 여행자들의 기록이 진실이라면, 그 야만인을 넓적한 도끼로 내려친다 해도 베인 살은 하루 이틀이면 아문다고 한다. 마치 도끼로 부드러운 역청을 내리쳤을 때, 그 역청이 곧 달라붙는 것처럼 말이다. 그러나 백인에게 그런 타격을 가하면 그는 곧장 무덤으로 가야 한다.

문명인은 마차를 만들어냈으나 그 대신에 두 다리를 사용하지 않는다. 그는 지팡이로 몸을 지탱하지만, 대신에 근육은 축 늘어져 힘이 없다. 그는 멋진 제네바 시계를 손목에 차고 있으나 하늘의 태양을 보며 시간을 맞추는 능력은 사라졌다. 그에게는 그리니치 천문대의 항해력이 있어서 원하는 때 얼마든지 관련 정보를 얻을 수 있으나, 평범한 사람들은 밤하늘의 별을 알아보지 못한다. 그는 춘분의 때를 알지 못하고 추분 또한 마찬가지다. 하늘에는 일 년 내내 밝게 빛나는 달력(태양)이 떠 있으나, 마음속에는 아무런 시침(時針)이 되지 못한다.

노트는 그의 기억을 훼손한다. 서재는 그의 재치를 짓누른다. 보험회사는 사고 건수를 높인다. 그리하여 기계가 오히려 인간에게 지장을 주는 것 아닌가 하는 의문이 나올 법하다. 우리는 세련미를 높임으로써 어떤 에너지를 잃어버린 것 아닐까? 가령 기독교가 확고한 체제 속에 자리 잡음으로써 야생이 가진 활력이 사라진 게 아닐까? 과거에 스토아 철학자라고 하면 모두 스토아 철학자였다. 그러나 기독교 세계에서 기독교 신자는 어디에 있는가?

위인이 나오지 않는 세상

높이와 부피의 기준이 달라지지 않는 것처럼 도덕 기준도 더 이상 변하지는 않는다. 과거의 위인들보다 더 위대한 사람은 현재 나오지 않는다. 고대의 위인과 현대의 위인 사이에는 특이한 동질성이 있다. 19세기의 과학, 예술, 종교, 철학을 모두 동원해도 플루타르코스가 그려낸, 2300~2400년 전에 활동했던 영웅들보다 더 위대한 인물을 길러내지 못한다. 인류는 시간 경과에 따라 발전하는 것이 아니다. 포키온, 소크라테스, 아낙사고라스, 디오게네스는 위인들이지만, 동급의 인물을 남기지 않았다. 진정으로 그들과 동급인 사람은 그들 이름으로 불리지 않고, 자기 자신의 이름으로 불릴 것이며, 차례로 자기 분야에서 창시자가 된다.

각 시대의 예술품과 발명품은 그저 시대가 잠시 걸친 의상일 뿐 사람들에게 활력을 주지 못한다. 기계가 개선되었다 한들 그 피해로 이익은 상쇄된다. 모험가인 허드슨과 베링은 어선을 타고서 많은 업적을 달성하여, 과학과 예술의 자원을 총동원한 장비를 갖춘 후배 탐험가 패리와 프랭클린을 놀라게 할 정도였다. 갈릴레오는 쌍안경 하나를 가지고 후배 천문학자들보다 더 많은 멋진 천체들을 발견했다. 콜럼버스는 갑판도 없는 배로 신세계를 발견했다. 몇 년 혹은 몇 세기 전에 요란한 칭송과 함께 도입되었던 기계나 수단들이 지속해서 사용되지 않거나 아예 사라지는 기이한 현상을 목격하고 있다.

위대한 천재는 본질적인 인간에게로 돌아온다.[33] 우리는 과학이 진보하면서 전쟁 기술도 향상되었으리라고 생각한다. 그러나 나폴레옹은 야영으로 유럽을 정복했다. 용기를 발휘하는 데 방해되는 것을 다 제거하고 오로지 용기 하나만으로 버틴 것이다. 프랑스 역사가인 라스카즈는 이렇게 말했다. "황제는 완벽한 군대 편성은 불가능하다고 생각했다. 무기, 탄약, 보급창, 마차 따위는 모두 버리고, 로마의 관습을 모방하여 병사들이 옥수수 배급을 받아 그걸 작은 맷돌에 손수 갈아 빵을 구워먹을 때, 비로소 강군이 탄생한다."

사회는 하나의 파도이다. 파도는 앞으로 나아가지만, 파도를 만들어내는 물은 전진하지 않는다. 미세한 먼지가 계곡에서 산봉우리

◇◇◇◇

33 본질적인 인간의 원어는 essential man인데 에머슨은 representative man(대표적 인간)과 같은 뜻으로 사용하고 있다. 에머슨은 대표적 인간 6명, 즉 플라톤, 몽테뉴, 셰익스피어, 괴테, 스베덴보리, 나폴레옹에 대하여 『대표적 인간』(1850)이라는 저서를 출간했다.

쪽으로 계속 솟아올라 한결같이 먼지가 이는 것처럼 보이지만, 겉보기만 그러하다. 오늘날 한 국가를 형성한 국민은 내년이면 죽고, 그들의 경험은 함께 사라진다.

자기 신뢰는 운명에 맞서는 힘

재산을 보호해주는 정부에 대한 신뢰를 포함해 재산을 신뢰하는 모습은 결국 자기 신뢰가 결핍되어 있음을 보여준다. 사람들은 너무나 오랜 세월 자신을 믿지 않고, 종교, 학문, 민간 기관 등을 재산의 수호자로 여겨 왔다. 그리하여 이런 기관에 대한 공격을 못마땅하게 여긴다. 그런 공격이 곧 자기 재산에 대한 공격이라고 보기 때문이다. 사람들은 재산으로 상대방을 평가하고 인물됨은 따지지 않는다.

그러나 교양 있는 사람은 자신의 본성을 새롭게 존중하되, 재산은 부끄럽게 여겼다. 특히 그것이 상속, 증여, 범죄 등으로 우연히 얻은 것임을 알았을 때 그 재산을 미워했다. 그런 재산은 소유할 가치가 없다고 느꼈다. 자기에게 속한 것이 아니고 그에게 뿌리내린 것도 아니며, 혁명이나 강탈 행위로 빼앗기지 않아서 그의 것으로 남아 있을 뿐이라고 여긴다.

그러나 사람의 성품은 반드시 필연에 따라 획득한 것이다. 그는 이런 식으로 살아 있는 자산을 얻는데, 이것은 통치자, 군중, 혁명, 화재, 폭풍우, 도산 등의 영향으로 사라지지 않는 자산이다. 그 성품은 주인공이 숨 쉬는 한 영구히 자신을 새롭게 한다. 칼리프 알리[34]는 이렇게 말했다.

"그대의 운명 혹은 목숨이 그대를 뒤쫓고 있다. 따라서 그것을 쫓아가는 일을 그만두고 편안히 쉬도록 하라."

우리는 낯선 것에 의존하여 숫자를 노예처럼 존중한다. 정당들은 여러 번의 전당 대회를 소집한다. 대회 규모가 클수록, 그리고 사람들이 크게 소리칠수록("웨섹스 대표단이요!", "뉴햄프셔 민주당원이요!", "메인주의 휘그당원이요!") 젊은 애국자는 그 수천 개의 새로운 눈과 팔 때문에 자신이 전보다 더 강해졌다고 생각한다. 같은 방식으로 개혁자들도 대회를 소집하고 투표하고 다수결로 정한다.

오, 친구들이여! 하지만 진상은 절대 그렇지 않다. 하나님은 그와는 정반대 방식으로 당신 안에 들어와 머무른다. 인간이 외부의 지원을 모두 거절하고 혼자 설 때, 그는 강해져 번영을 누린다. 자신의 기치 아래 지지자들을 끌어모을 때마다 그는 더 약해진다. 개인 혼자 있는 것이 마을 전체보다 더 낫지 않은가? 사람들에게 아무것도 요구하지 말라. 그리고 끝없는 변화 속에서, 자기 신뢰를 실천하는 당신은 굳건한 기둥이 되어 곧 당신을 둘러싼 모든 사람을 지탱하는 옹호자가 될 것이다.

힘(권력)은 자기 내부에서 생겨나는 것임을 아는 사람, 자기 밖이나 다른 곳에서 선을 찾는 자는 허약하다는 것을 아는 사람. 그래서 지체 없이 자기 생각으로 돌아가서 즉각 자신을 바로잡고 우뚝

◇◇◇◇

34 예언자 무하마드의 사촌 형제(602-661)로 예언자의 딸과 결혼하여 후계자가 되었으며, 아라비아의 제4대 칼리프를 지냈다.

서는 사람. 이런 사람은 자기의 사지(四肢)를 마음대로 부리고 기적을 일으킨다. 두 발로 서는 사람이 물구나무로 서 있는 사람보다 더 강하다.

그러므로 운명이라고 하는 것을 모두 활용하라. 대부분 사람은 운명의 바퀴가 돌아가는 동안에, 그녀(운명)와 도박하면서 모든 것을 얻었다가 모든 것을 잃는다. 그러나 당신은 이런 식으로 얻는 것을 불법으로 여기고 다 내던져라. 대신에 신의 대리인인 원인과 결과를 상대하라. 당신의 굳센 의지를 내세우며 일하고 얻으라. 그리하여 운명의 바퀴에 체인을 감고 멈춰 세워라. 그리고 앞으로 그녀(운명)의 회전을 두려워하지 마라.

정치적 승리, 임대료 상승, 질병 완쾌, 돌아온 친구, 그 외 반가운 일이 생겨 기분이 좋아질 수도 있다. 앞으로 좋은 날이 이어지리라 기대도 될 것이다. 하지만 전적으로 믿지는 마라. 그렇지 않을 수도 있으니 말이다. 자신에게 평화를 가져다주는 것은 자신밖에 없다. 근본 원리에서 이기지 못하면 그 어떤 것도 당신에게 평화를 가져다주지 못한다.

운
명

Fate

하늘에서 발견되는 오묘한 조짐들이

외로운 음유시인에게 진정한 증인이 되어주네

새들은 날개에 전조를 얹고 와서

속임 없는 노래를 부르네

시인에게 알리면서 경고하는구나

이러한 조짐이 있으니

시인은 필경사나 전령의 말을 경멸할 만하지

그보다 더 큰 글자로 적힌 성스러운 암시가 있으니

그리고 새벽에 그의 마음에는

다가오는 저녁의 그림자가 내려앉는구나

미리 내다본다는 것은

그런 오묘한 암시와 긴밀히 연결된 것이니

그리하여 말하는구나

앞날을 내다보는 예지는

창조하는 천재와 같은 것이라고.

몇 년 전 어느 겨울에 벌어진 일이다. 당시 미국의 도시들은 시대정신이라는 사상을 논의하는 데 몰두하고 있었다. 우연한 일치로, 저명인사 너덧 명이 동시에 보스턴과 뉴욕 시민을 상대로 시대정신에 관한 강연을 했다. 그리고 같은 시즌에 런던에서 발간된 몇몇 저명한 팸플릿과 잡지에서도 그 주제가 아주 중요한 의제로 집중적으로 다루어졌다. 그런데 내가 볼 때, 시대정신의 문제는 스스로 진화하여 인생을 살아나가는 실용적 방법에 관한 질문으로 바뀌었다. 즉, 어떻게 살아야 하는가의 문제가 된 것이다.

운명과 자유: 어떻게 살아야 하는가

우리에게 이 시대의 문제를 해결할 능력은 주어지지 않았다. 기하학은 주도적인 사상들의 거대한 궤적을 잴 수 없고, 어떻게 귀결되는지 목격하지 못하며, 사상들 사이의 대립을 화해시키지도 못한다. 우리는 단지 자신의 극성을 따를 뿐이다. 이 저항할 수 없는 명령을 따를 수밖에 없다면 깊이 생각하면서 나아가야 할 방향을 선택해야 한다.

소원을 이루기 위해 첫걸음을 내딛다 보면 우리는 꼼짝달싹할 수 없는 한계를 만난다. 가령, 인간을 개혁하려는 희망으로 불타올

랐다고 하자. 그리하여 여러 번의 실험을 거친 후에 좀 더 일찍, 그러니까 학교에서 인간 개조를 시작해야 한다는 사실을 깨닫는다. 그러나 이미 아이들은 유순하지 않기에 어떻게 해볼 수가 없다. 그리하여 그들은 좋은 재목이 아니라는 결론을 내린다. 그렇다면 그보다 더 일찍, 그러니까 그들이 태어났을 때부터 이 일을 시작해야 한다. 다시 말해 운명 혹은 세상의 법칙이라는 게 있는 것이다.

아무리 거역할 수 없는 명령이 있더라도 우리는 그 명령을 이해해야 한다. 즉, 운명을 받아들여야 한다면, 그에 못지않게 자유, 개인의 유의미함, 의무의 엄숙함, 성품의 힘 등을 인정해야 하는 것이다. 이것(자유)이 진실이라면 저것(운명)도 진실이다. 하지만 우리의 기하학은 이 양극단을 가로질러 그 둘을 조화시키지는 못한다.

그렇다면 어떻게 할 것인가? 각각의 생각(운명과 자유)에 솔직하게 복종하고 되씹어본다면, 우리는 그것들(운명과 자유)의 힘을 마침내 알게 된다. 다른 생각에 대해서도 복종해봄으로써 이들을 서로 조화시킬 수 있다는 합리적인 희망을 갖게 된다.

그 이유는 알지 못하지만 우리는 필연이 자유와 짝하고, 개인은 세상과, 그리고 극성은 시대정신과 짝한다는 것을 확신한다. 그리고 시대의 수수께끼는 개인 각자에게 은밀한 해결안을 제시한다.

만약 우리가 이 시대를 연구하려 한다면 이렇게 해야 한다. 우리 일상생활에서 중요한 주제들을 하나씩 꺼내 들고, 그 주제에 관해 즐거운 것을 모두 기술(記述)하고, 또 다른 주제에 대해 즐겁지 못한 사실을 모두 기술하면, 진정한 한계가 무엇인지 드러난다. 어떤 주제를 한쪽으로 과도하게 강조하는 것을 바로잡으면 정당한 균형이 이루어진다.

여기서 객관적 사실을 솔직하게 밝혀보자. 우리 미국은 천박하다는 오명을 안고 있다. 위대한 인간, 위대한 국가는 자랑하거나 허세를 부리지 않으며, 인생의 무서움을 바르게 인식하고 거기에 적절히 대비한다. 스파르타인은 조국을 종교로 여겨 그 장엄함 앞에서는 아무런 이의도 제기하지 않고 기꺼이 죽었다. 투르크인은 세상에 태어나면서 자기 운명이 쇠로 만든 잎사귀에 적혀 있다고 믿었고, 그 덕분에 적의 칼 앞에서도 온전한 의지를 발휘하며 과감히 돌진했다. 그렇게 투르크인, 아랍인, 페르시아인은 미리 정해진 운명을 기꺼이 받아들인다.

> 정해진 날과 정해지지 않은 날, 이렇게 두 날에
> 당신의 무덤에서 도망치려 해봐야 소용없다네
> 정해진 날이라면 어떤 약도 의사도 당신을 구하지 못해
> 정해지지 않은 날이라면 우주도 당신을 못 죽여.[35]

인도인은 운명의 바퀴 아래에서 확고한 자세를 취한다. 앞선 세대의 칼뱅주의자 신도들도 그와 비슷한 위엄을 갖추고 있었다. 그들은 우주의 무게가 그들을 각자의 자리에 눌러 앉힌다고 생각했다. 그들이 무엇을 할 수 있었겠는가? 현명한 사람들은 인간의 언어로는 말하기 어렵고, 표결로 결론 짓기 어려운 뭔가가 있음을 느꼈다. 그것은 세상을 단단히 동여매는 밧줄 혹은 혁대와 같았다.

◇◇◇◇

35 페르시아 사람 알리 벤 아바 톨레브(Ali ben Aba Toleb)의 시를 독일어로 번역한 것을 다시 에머슨이 영어로 번역했다.

만물을 전반적으로 관리하는 운명은

세상 모든 것에 개입한다

신이 미리 보아둔 곳에 그 뜻을 전한다

그 힘은 너무나 강하다

비록 세상이 어떤 사안에 대하여

그렇다 혹은 아니다 하면서

정반대 의견을 내도

운명은 지난 천 년 동안에도 없었던

일을 어느 하루에 벌어지게 한다

그러므로 우리 소원이 전쟁이든 평화든

증오든 사랑이든

이 모든 것은 신의 뜻으로 결정된다.

(제프리 초서, 「기사의 이야기」에서)

그리스 비극도 같은 운명관을 표현한다. "그렇게 벌어질 운명이라면 결국 일어나게 되어 있다. 제우스 신의 거대한 마음을 침범해서는 안 된다."

야만인들은 한 부족 혹은 한 마을이 떠받드는 지역 신에 매달린다. 이와 마찬가지로 예수의 폭넓은 가르침은 급속히 축소되어 선민사상[36]이나 편애주의를 강조하는 마을 신학 정도로 전락해버렸다.

---

36 신의 은총을 받아 구원받는 사람이 따로 있다는 사상. 구체적으로 칼뱅의 예정설을 말한다.

융 스틸링[37]이나 로버트 헌팅턴 같은 친절한 사람들은 싸구려[38] 섭리를 믿는다. 착한 사람이 저녁 식사를 하고 싶으나 돈이 없을 때 누군가가 갑자기 나타나 그의 집 문을 두드리며 50센트를 건네준다는 값싼 섭리 말이다.

자연은 감상주의자가 아니다

그러나 자연은 감상주의자가 아니다. 우리를 달래지도 않고 비위를 맞추지도 않는다. 우리는 세상이 냉혹하다는 것을 알아야 한다. 세상은 거칠고 심술궂으며, 남자와 여자를 물에 빠뜨려 죽이는 것을 개의치 않고, 상인의 배를 먼지 한 알처럼 삼켜버린다. 추위는 사람을 가리지 않고 그 피를 차갑게 하고, 다리를 마비시키고 마치 사과 한 알이라도 되는 것처럼 사람 몸을 얼린다. 질병, 날씨, 운수, 중력, 번개는 사람을 가리지 않고 제멋대로 찾아온다. 섭리가 펼쳐지는 방식은 약간 무례하다. 뱀과 거미의 습성, 호랑이와 사납게 뛰어오르는 다른 맹수들의 물어뜯는 모습, 아나콘다의 똬리에 걸린 먹잇감의 뼈가 우두둑 부러지는 소리, 자연의 시스템 내에서 이 모든 일이 벌어

◇◇◇◇

37 융 스틸링 요한 하인리히(Jung-Stilling, Johann Heinrich, 1740-1817). 독일의 저술가로 『융 스틸링의 생애』(1806)라는 자서전으로 유명하다. 이 책은 계몽주의와 합리주의 사상에 대해 경건함과 소박함으로 맞서는 경건주의로 유명하다.

38 원어로는 피스타린(pistareen). 과거 스페인의 소은화로 명목상 가치는 2레알에 해당한다. 18세기에 미국과 서인도 제도에서 통용되었다. 그 작은 가치 때문에 "별 가치없는", "시시한"을 뜻하는 형용사로 쓰였다.

지고, 인간의 습성은 동물들과 별반 다를 바 없다.

당신은 막 저녁 식사를 끝냈다. 아무리 멀리 떨어진 잘 보이지 않는 곳에 도살장을 감추었다고 해도 공모 관계는 존재한다. 다른 종의 희생을 바탕으로 배가 부른 부유한 종이 있는 것이다. 행성은 혜성의 충격, 다른 행성으로부터의 동요, 지진과 화산 폭발, 기후 변화, 세차 운동 등에 노출되어 있다. 숲을 개방하면서 강들은 말라 버리고, 바다가 그 바닥의 높이를 바꾸어 마을과 도시는 바다로 들어간다. 리스본에서 지진이 일어나 사람들은 파리처럼 죽어갔다. 3년 전 나폴리에서는 지진이 발생하여 단 몇 분 만에 만 명이 압사했다. 바다에서의 괴혈병, 아프리카 서부, 카옌, 파나마, 뉴올리언스 등지에서의 기후 변화라는 칼은 대학살의 낫처럼 인간을 베어 넘겼다.

미국의 서부 대평원은 열병과 학질로 진동한다. 콜레라와 천연두는 서리가 귀뚜라미에게 독약인 것처럼 일부 부족들에게 치명적이다. 귀뚜라미는 한여름 요란스럽게 떠들더니 어느 날 밤 기온이 내려가면서 잠잠해진다.

이와 관련하여, 우리와 별로 관계없는 것들은 그냥 두더라도, 가령 누에고치에 얼마나 많은 기생충이 매달려 있는지, 장내에 얼마나 많은 기생충이 번식하는지, 핏속을 돌고 있는 바이러스 혹은 교대 번식하는 이름 없는 미생물 등은 넘어가더라도, 상어의 각종 형태, 그 잔혹한 아가리, 무시무시한 이빨이 달린 바다 늑대의 턱, 살인고래의 흉측한 이빨, 바닷속에 감추어져 있는 또 다른 살인자들만 살펴보더라도 자연 내부가 얼마나 살벌한지 알 수 있다.

자연의 살벌함에 대하여 이런저런 이유를 대며 부정하지 않도록 하자. 섭리는 그 목적을 위해서는 거칠고 매정하고 예측 불가능한 길을 걸어간다. 자연이 가진 그 거대하고 뒤죽박죽인 도구적 수단들(상어, 식인고래 같은 생물)에 회반죽을 칠해 하얗게 보이게 해봐야 아무 소용 없다. 혹은 저 무서운 시혜자(자연)에게 신학대학 학생들이 입는 깨끗한 셔츠와 하얀 목도리를 입혀 분식(粉飾)해 봐야 역시 소용없는 것이다.

당신은 이렇게 말하려 하는가? "인류를 위협하는 재앙은 예외적이며, 우리는 그런 참사들에 날마다 책임 의식을 느낄 필요는 없다." 그렇지만 한 번 벌어진 일은 언젠가 또다시 벌어진다. 우리가 이런 참사를 완전히 피하지 못하는 이상, 그것을 두려워해야 한다.

수단과 목적, 신체와 정신

이런 충격과 폐허는 날마다 우리에게 작용하는 다른 법칙의 은밀한 힘에 비하면 그리 파괴적인 것도 아니다. 수단(육체)을 위해 목적(정신)을 희생시키는 것이 운명이다. 신체 조직이 성격에 독재적인 권력을 행사하는 것이다. 동물들, 구체적으로 척추동물들의 형태와 힘은 곧 그 동물의 특성을 결정하는 운명의 책과도 같다. 새의 부리, 뱀의 머리뼈는 독재자처럼 새와 뱀의 한계를 결정한다. 종족과 기질의 스케일 차이도, 남녀의 성도, 기후도, 어떤 특정한 방향으로 생명력이 응집된 재능의 반응 또한 그러하다. 모든 정신은 그 집을 짓는다. 그리고 그다음에는 그 집이 정신의 활동 범위를 제약한다.

우둔한 사람들도 대강의 경계선은 파악할 수 있다. 마부들도 이런 점에서는 나름 골상학자 흉내를 낼 수 있을 정도인데, 그는 손님의 얼굴을 들여다보며 값을 제대로 치를 사람인지를 알아본다. 돔처럼 훤히 벗겨진 이마는 어떤 특성 한 가지를 드러내고 툭 튀어나온 배는 다른 특성을 보여준다. 사팔뜨기, 납작코, 딱 달라붙은 머리카락, 피부 색깔 등도 그 사람의 특성을 드러낸다.

사람들은 단단한 신체 조직 속에 갇힌 듯하다. 쉬푸르자임[39]에게, 의사들에게, 케틀레[40]에게 물어보라. 사람의 기질은 그 무엇도 결정하지 않는 걸까? 아니, 그 기질들이 결정하지 않는 것이 과연 있기나 할까? 의학 교과서에서 네 기질[41]에 관한 설명을 읽으면 미처 말하지 못한 자신의 생각을 읽는 듯한 느낌이 들 것이다. 어떤 검은 눈, 푸른 눈이 무리 속에서 어떤 역할을 하는지 살펴보라. 인간이 그의 조상에게서 도망칠 수 있으며, 혈관에서 아버지 혹은 어머니의 피로부터 물려받은 검은 피 한 방울을 뽑아낼 수 있단 말인가? 어떤 가

◇◇◇◇

39 독일의 골상학자. 에머슨은 1832년 보스턴에서 그의 강의를 들었을 것이다.

40 벨기에의 통계학자. 사회와 정치의 문제에 개연성 이론을 적용했다.

41 이것은 르네상스의 체액 이론에서 나왔다. 르네상스의 체액 이론은 갈렌과 히포크라테스, 두 사람에 대한 논평가들의 저작을 바탕으로 한 것인데, 인간의 몸에 있는 혈액, 점액, 황담액, 흑담액의 네 가지 체액(four humours)의 뒤섞임으로 인간 행동을 설명하는 이론이다. 여기서 쾌활한, 성마른, 무기력한, 우울한 기질이라는 표현이 나왔다. 이 네 체액이 서로 균형을 이루면 "좋은" 기질을 만들어내는 반면, 네 체액 중 어느 한 체액이 압도적으로 많으면 "병든" 혹은 "사악한" 기질을 갖는다.
고대인들은 인간의 인격이 신체 안에 들어 있다고 보았고 신체는 또한 영혼의 집이라고 보았다. 물질과 정신이 결합하여 사람이 생겨나는데, 각 개인은 네 체액의 결합체다. 담즙질은 대체로 뜨거운 체액이고, 다혈질은 대체로 축축한 체액, 점액질은 차가움, 흑담즙질은 건조함의 체액이다. 신체적 조건의 자연 상태는 늘 유동적인 것으로 이해되었으며, 어느 특정 순간의 신체 균형은 그 사람이 태어났을 때의 천체(天體, 별)의 움직임에 영향을 받는 것으로 인식했다. 또 개인의 식생활 습관과 신체 관리 등에도 영향을 미친다고 보았다.

문의 경우는 선조의 모든 성품이 각각 다른 용기(容器)에 흩어져 산발적으로 나타나는 듯하다. 그리하여 그 가문의 어떤 아들이나 딸은 통치하는 기질이 아주 우수하다. 때로는 순수한 원래 기질, 즉 그 가문의 축축하고 고약한 원액, 다시 말해 가문 고유의 악덕이 어떤 후손에게만 몰아서 나타나는 바람에 다른 가족 구성원은 상대적으로 안도의 한숨을 내쉰다.

우리는 때때로 친구의 표정 변화를 보면서 그의 아버지 혹은 어머니가 친구의 두 눈에 나타나는 것을 본다. 때로는 친구의 먼 친척이 방문해온 듯한 느낌도 든다. 한 사람이 하루에도 여러 명의 조상을 각각 드러내기도 한다. 그리하여 한 명의 피부 속에 일고여덟 명의 사람이 들어앉은 것 같기도 하다. 그 여러 명의 조상은 그가 살아가면서 들려주는 새로운 악보의 다양한 음표가 되는 것이다.

길거리 모퉁이에 서서 행인의 얼굴 각도, 안색, 눈동자의 깊이 등을 파악하면서 당신은 여러 가능성을 읽는다. 그들의 가계(家系)가 이를 결정한다. 사람은 그의 어머니가 만들어낸 것이다. 당신이 어떤 엔지니어에게서 아름다운 시를 기대하고, 어떤 날품팔이에게서 화학적 발견을 요구한다면, 그것은 무명천을 짜는 베틀에 대고 왜 캐시미어를 만들어내지 못하느냐고 묻는 것과 같다. 도랑에서 땅을 파는 사람에게 뉴턴의 법칙을 설명하라고 하면 그는 답하지 못한다. 아버지에게서 아들로 이어지는 백 년 동안 그의 두뇌 속 섬세한 세포 조직은 과로와 심한 가난으로 이미 쪼그라들었기 때문이다.

사람이 어머니의 자궁에서 나올 때 재능의 문은 그의 뒤에서 닫힌다. 자신의 손과 발을 소중하게 여기더라도 그에게는 한 쌍만 있을 뿐이다. 그래서 그에게는 오직 하나의 미래만 있다. 그것은 이미 그의 전두엽에 예정되어 있고, 작고 통통한 얼굴, 돼지 같은 눈, 땅딸막한 신체에 적혀 있다. 온 세상의 특혜와 법률이 모두 동원되어 도와주더라도 그를 시인이나 왕자로 만들지는 못한다.

예수는 말했다. "여자를 보고 음욕을 품는 사람은 이미 마음으로 그 여자를 범하였다." 하지만 남자는 여자를 쳐다보기도 전에 이미 간음하기도 한다. 그의 신체에 깃든 동물적 기질과 생각의 결함이 그렇게 만든다. 길거리에서 남자를 만난 여자, 혹은 여자를 만난 남자는 각자 상대방의 먹이가 될 때가 왔음을 알아본다.

어떤 남자는 소화와 섹스로 생명력이 고갈된다. 이 욕구가 강할수록 개인은 그만큼 더 허약해진다. 이런 벌들의 웅얼거림이 잦아들수록 벌집에는 그만큼 더 좋다. 나중에 그들이 어떤 뛰어난 개인을 낳아, 자신의 생명력을 활용하여 이런 동물성에 새로운 목적의식을 부여하고 그것을 실현하는 완벽한 발명품을 내놓는다면, 모든 조상은 기꺼이 잊힌다. 대부분 남자와 여자는 한 쌍의 부부로 그친다.

그러다가 가끔 인간의 두뇌 속에는 새로운 세포 혹은 비밀의 방이 열린다. 그것은 건축학적, 음악적, 철학적 기술로 발현된다. 아니면 꽃, 화학, 그림 안료, 이야기에 대한 감각 혹은 재주로 나타난다. 아니면 드로잉을 잘하는 손, 춤을 잘 추는 발, 폭넓게 여행할 수 있는 강건한 몸 등으로 구체화한다. 이러한 재주는 자연 질서에서 서열을 바꾸어놓지는 못하지만, 시간을 보내는 데에는 도움이 된다. 그렇지만 감각적인 생활은 예전과 마찬가지로 진행된다.

마침내 이런 징후와 경향은 한 세대 혹은 이어지는 세대에서 고정된다. 그런 재주는 사람에게서 아주 많은 양분과 힘을 흡수하여 그 자체가 존재의 중심부가 된다. 새로운 재능은 생명력을 너무나 빠르게 앗아가기에 동물적 기능에 돌아갈 생명력은 별로 남아 있지 않아서 개인의 건강이 위태로울 지경이 된다. 두 번째 세대에도 그와 유사한 천재가 등장한다면 건강은 눈에 띄게 악화하고 생식력은 크게 손상된다.

의지와 환경

사람들은 정신적, 물질적 편향을 가지고 태어난다. 같은 자궁에서 태어난 형제라 하더라도, 서로 다른 운명을 가지고 세상에 나온다. 고성능 확대경이 있다면 프라우엔호퍼 씨와 카펜터 박사는 생후 나흘 된 태아를 보면서 이 아이는 휘그당[42], 저 아이는 자유토지당[43] 이렇게 구분할 수 있었을지도 모른다.

이 운명이라는 거대한 산을 움직여 인종이라는 폭군을 자유와 화해시키려는 것은 멋진 시도였다. 그리하여 힌두교도는 이렇게 말했다. "운명은 전생에 저질러진 행위의 결과일 뿐이다."

나는 다음과 같은 셸링[44]의 말에서 동양적 사상과 서양적 사상

◇◇◇◇

42 에머슨 당시에 미국에는 휘그당과 민주당이 있었다.

43 1848년 미국 민주당이 분열되면서 생겼으나 1854년 자유토지당의 많은 인사가 공화당에 합류하면서 사라졌다.

44 프리드리히 셸링(Schelling Friedrich Wilhelm Joseph, 1775-1854). 독일의 철학자. 튀빙겐 대학교에서 헤겔과 횔덜린(Johann Christian Friedrich Hölderlin)과 함께 수학했다. 그 후 예나와 베를린 대학교에서 가르쳤다. 독일 낭만주의 운동을 주도한 철학자로서 괴테, 실러, 노발리스, 슐레겔과 교우했다.

의 양극단이 일치하는 것을 본다. "모든 사람에게는 그가 영원 이전부터 현재의 자신과 동일한 상태를 유지해왔으며, 시간 속에서 변화하여 오늘날의 자신이 된 게 아니라는 느낌이 들 때가 있다." 이것을 좀 더 쉽게 말하자면 이렇다. 한 개인의 역사에는 늘 오늘날과 같은 조건을 만들어낸 원인이 있다. 그리하여 자신이 현재의 상태를 만들어낸 당사자라는 것을 안다.

미국의 정치는 상당 부분 생리적이다. 때로는 부자들도 한창 젊은 시절에는 상당히 폭넓게 자유주의적인 입장을 취한다. 영국에는 언제나 많은 부와 막강한 연줄을 갖춘 사람들이 있다. 이들은 건강한 시절에는 진보 편에 서지만, 자신이 늙어가고 있음을 깨닫는 즉시 진보적 활동을 멈추고 자신이 내보낸 군대를 모두 거둬들이고 보수적으로 바뀐다. 모든 보수주의자에게는 그러한 개인적 결함이 있다. 그들은 신분이나 천성에 따라 나약해져서, 태생이 절름발이나 맹인처럼 그저 수세적인 입장에서만 행동한다.

그러나 강인한 본성을 지니고 태어난 사람들, 숲속 오지 사람들, 뉴햄프셔 거인들, 나폴레옹, 버크, 브로엄, 웹스터, 코수트 같은 사람들은 생명력이 퇴조하며 자신의 결점과 동통, 중풍, 금전 등으로 괴롭힘을 받기 전까지는 필시 애국자로 살았다.

가장 강력한 관념은 과반수와 나라들, 가장 건강하고 강한 사람들에게서 구체적으로 드러난다. 어쩌면 선거는 체중으로 결정된다고 할 수 있을 것이다. 가령, 어떤 도시의 휘그당원 백 명과 민주당원 백 명의 몸무게를 건초 무게를 다는 것처럼 저울에 달 수 있다면, 어떤 당이 승리할 것인지 확실하게 예언할 수 있을 것이다. 전반적으로 보아 시 행정위원, 시장, 시의원 등을 건초 저울에 다는 것이 투표로 결정하는 것보다 훨씬 더 빠른 방법일 것이다.

과학 분야에서 우리는 힘과 환경이라는 두 요소를 고려해야 한
다. 우리가 알(egg)[45]을 연속해서 관찰한다고 해도 그것이 여전히 알
이라는 사실만 알 뿐이다. 5백 년이 흐른 후, 더욱 뛰어난 관찰자가
더 좋은 관찰 기구로 그 알을 관찰해도 여전히 그것은 알이다. 식물
과 동물 조직에서도 알 상태는 마찬가지인데, 소포(小胞)에는 여전히
원초적인 힘이나 경련이 작용한다. 그렇다. 환경은 독재자 같은 힘을
발휘한다!

오켄[46]은 이렇게 생각했다. 새로운 환경 속의 알, 어둠 속에 심어
진 알은 동물이 되고 빛 속에 심어진 알은 식물이 된다. 부모가 되는
동물의 몸속에 심긴 그 알은 변화를 거치고, 변화 이전의 알 속에 든
기적 같은 능력을 발휘하여 물고기, 새, 사지동물, 머리와 발, 눈과
발톱으로 분화한다. 환경은 곧 자연인 것이다. 자연(본성)에는 당신
이 마음대로 할 수 있는 부분도 있지만, 할 수 없는 것도 많다. 그리
하여 우리는 환경과 생명, 이렇게 두 가지를 가지고 있다.

한때 우리는 적극적인 힘이 전부라고 생각했다. 그런데 이제 우
리는 소극적인 힘, 즉 환경이 절반을 차지한다는 것을 안다. 자연(본
성)은 두꺼운 두개골, 껍질 두른 뱀, 육중하고 바위 같은 턱과 같아
마치 독재자와 같은 환경이다. 그것은 필연적인 활동을 이어가며 격
렬하게 움직인다. 기관차처럼 궤도 위에서는 강력하게 굴러가지만
그것을 벗어나면 사고만 일으키고, 스케이트처럼 얼음 위에서는 날

◇◇◇◇

45 여기서는 '생명의 씨앗'이라는 개념으로 사용되었다.
46 로렌츠 오켄(Lorenz Oken, 1779-1851). 19세기 독일 자연철학자 겸 박물학자.

개를 얻은 것 같지만 땅 위에서는 족쇄가 된다. 이런 것들이 모두 자연이다.

자연을 보며 운명의 책을 읽으라

자연의 책은 곧 운명의 책과도 같다. 자연은 거대한 페이지를 한 장 한 장 넘기지만, 예전 페이지를 다시 넘기는 법은 없다. 자연이 한 페이지를 내려놓으면 화강암층이 생겨난다. 그리고 그런 시대가 천 번 지나가고 점판암 층이 생긴다. 또 천 번의 시대가 지나가면 석탄층이 생기고, 이회암과 진흙층이 나타난다. 식물 형태도 생기고, 최초의 흉한 생물류인 식충류, 삼엽충류 그리고 어류가 등장한다. 이어 투박한 형태의 파충류가 등장하는데, 자연은 이런 형태 속에서 미래 상(像)의 개요만을 보여준다.

이 다루기 힘든 괴물 밑에 장차 자연의 왕좌를 차지할 멋진 모습을 감추어두었다. 지구의 표면이 식어 건조해지면서 종들의 환경이 개선되었고 인간이 태어났다. 그러나 종 하나가 그 수명을 다할 때까지 생존한 다음에는 더 이상 지상에 돌아오지 않는다.

이 세상의 인간은 조건부적(條件附的) 인간이다. 최선은 아니지만, 현재 서식 중인 것으로는 가장 좋다는 의미다. 여러 부족의 규모 그리고 한 부족이 승리하면 다른 부족은 패배하여 사라지는 꾸준한 경향 등은 지층이 층층이 쌓이는 것처럼 일정하다.

우리는 역사적으로 인종에 어떤 무게감이 부여되는지 알고 있다. 영국인, 프랑스인, 독일인이 아메리카와 오스트레일리아 해안과

시장에 진출하여 그곳에서 상업을 독점하는 것을 보았다. 우리는 자신이 속한 앵글로 색슨 민족이 보이는 신경질적이고 승리를 쟁취해 내는 습성을 좋아한다. 유대인, 인디언, 흑인의 발걸음을 따라가 보면, 유대인의 씨를 말리기 위해 엄청난 노력을 기울였으나 소용없었다는 것을 잘 알고 있다.

녹스가 "인종의 파편들"(Fragment of Races)에서 내린 불쾌한 결론을 보라. 그는 무모하고 불평불만이 많은 작가지만 강렬하고 인상적인 진실을 들이댄다. "자연은 순종을 존중하고 잡종은 좋아하지 않는다." "모든 종에게는 자신만의 서식지가 있다." "서식지에서 이탈한 종은 퇴화한다." 이런 말의 미묘한 의미를 잘 생각해야 한다.

독일인과 아일랜드인 수백만 명은 흑인과 마찬가지로 자기 운명에 다량의 구아노(guano)[47]를 갖고 있다. 그들은 대서양을 건너 아메리카에서 달구지를 타고 각지로 흩어져 옥수수를 값싸게 제공하기 위해 땅을 파고 습지를 준설했다. 그러다가 요절해 대초원 위에 초록색 봉분을 만들었다.

이런 엄혹한 예속의 사례를 또 하나 든다면 통계학이라는 새로운 학문이다. 만약 모집단이 크다면 가장 우발적이고 비상식적인 사건들도 고정된 계산 문제로 변한다. 나폴레옹 보나파르트 같은 장군, 제니 린드 같은 가수, 보디치 같은 항해가가 보스턴에서 태어난다고 말하는 것은 위험하다. 그러나 2천만 혹은 2억 명 규모라면 그런 인

<><><><>

47 해안에 군생하는 해조의 똥이 오랜 세월에 걸쳐 층을 이루고 쌓인 것으로, 질소와 인산을 함유하여 비료로 이용된다. 조분석(鳥糞石)이라고도 한다. 남미 페루 연안 제도의 구아노가 가장 유명하다. 여기서는 '인생의 퇴적물'이라는 뜻으로 사용되었다.

물의 탄생도 비교적 정확하게 예측할 수 있다.

특정 발명품이 나올 날짜를 짐짓 아는 체하며 단정하는 것도 경솔한 일이다. 그런 발명품들은 무려 오십 번 이상 거듭한 반복을 거치며 발명되었다. 어디까지나 인간은 최상의 기계이고, 그런 변형된 발명품들은 인간에게서 나온 장난감 모델일 뿐이다. 인간은 위기 상황을 만나면, 필요에 따라 자신의 신체 구조를 복제하거나 모방함으로써 스스로 돕는다.

호메로스, 조로아스터 혹은 메누가 확실히 누구였는지를 찾아내기는 어렵다. 투발 카인, 불칸, 카드무스, 코페르니쿠스, 푸스트, 풀턴을 찾아내는 것은 더 어렵다. 의심할 여지가 없이 '그 발명가'를 찾아낸다는 게 그처럼 어려운 것이다. 그런 사람은 수십 명, 수백 명이 있기 때문이다.

"공중에는 사람들로 가득하다"는 말도 있다. 이런 종류의 재능이나 건설적 도구를 만들어내는 효율성은 마치 대기의 화학 원소에 달라붙어 있는 것 같다는 뜻이다. 인간이 들이마시는 공기는 보캉송, 프랭클린, 와트 같은 사람들로 이루어졌다고 할 정도다.

의심할 나위 없이, 백만 명 중에는 천문학자, 수학자, 희극시인, 신비주의자가 있을 것이다. 천문학 역사를 읽어본 사람은 안다. 코페르니쿠스, 뉴턴, 라플라스는 아주 새로운 사람, 새로운 종족이라 불릴 만한 사람은 아니었다. 탈레스, 아낙시메네스, 히파르코스, 엠페도클레스, 아리스타르코스, 피타고라스, 오이니포데스 등은 이미 그들의 출현을 예고했다. 이런 사람들은 각자 뛰어난 기하학적 두뇌를 갖추었고, 활발한 계산 능력과 추론 능력을 발휘했다. 그들은 세상 움직임에 맞추어 평행하게 달리는 정신의 소유자였다.

로마의 마일 단위는 아마도 자오선 단위에 맞추어 생겨났을 것이다. 무슬림과 중국인은 윤년, 그레고리우스 달력, 세차 운동에 관해 우리 수준으로 알고 있었다. 뉴베드퍼드 항구에 들어온 자패(紫貝)통마다 오렌지 자패가 하나 이상 들어 있듯, 1억 2천만 명의 말레이인과 무슬림 사이에는 한두 명의 천문학 천재들이 있는 것이다. 대도시에서, 가장 우연한 것들은—그 아름다움은 그 우연함 때문이다— 마치 시간을 엄수하듯 일정하게 만들어지는데, 마치 아침 식사용 머핀을 제과점에 주문하는 것과도 같다. 『펀치』(Punch) 잡지는 매주 하나의 멋진 농담을 만들어낸다. 신문은 매일 하나라도 좋은 뉴스를 보도하려고 애쓴다.

그리고 억압의 법칙은 기능을 잘못 사용한 데에 따른 벌칙이지만, 못지않게 잘 작용한다. 기아, 장티푸스, 서리, 전쟁, 자살, 허약한 인종 등은 세상이 돌아가는 시스템에서 계산 가능한 부분이라고 보아야 한다. 이러한 것들은 산에서 굴러 내려온 돌들이며 우리 삶에 한계를 부여하는 조건을 암시한다. 일종의 기계적 정확성을 나타내며, 우리가 말하는 산발적이고 우연한 사건을 만들어내는 베틀 혹은 공장이다.

우리가 이런 경향에 저항한다 해도 그 힘은 너무나 보잘것없고 불충분하다. 그 저항력이라는 것은 백만의 압력 아래 하나의 소수[48]가 제기하는 비판이나 항의 같은 것에 지나지 않는다. 심한 폭풍우

---

48 원어는 a minority of one. 이 말은 에머슨 시대에 많이 쓰였던 a majority of one을 변형한 말이다. 후자는 한 사람이라도 도덕적으로 우월하면 정신적 다수를 차지할 수 있다는 뜻인데 노예제 폐지를 외친 사람들이 사용한 구호였다.

속에서 갑판 위 사람들이 파도에 이리저리 떠밀리는 광경을 보는 듯하다. 그들은 서로 의미심장한 시선을 던지지만 그들이 서로에게 해줄 일은 거의 없다. 각자가 그저 물 위에 떠 있다면 그걸로 만족해야 할 상황이다. 그들은 주변 환경을 바라볼 권리만 있을 뿐 다른 모든 것은 운명에 맡겨야 한다.

운명: 자연에 충만한 원소

우리는 이러한 현실을 사소하게 지나칠 수 없다. 세상의 중심에 있는, 우리가 씨 뿌려 놓은 정원에서 비쭉 나온 결과물 같은 것이다. 이런 혐오스러운 사실을 인정하지 않는 인생에는 진실성이 없다. 사람의 힘은 필연으로 제약을 받기 때문이다. 사람은 온 사방에서 이것저것 손대면서 많은 실험을 거친 끝에 그 필연의 이동 곡선을 알게 된다.

온 자연을 관통하여 흐르는 이 원소를 우리는 흔히 운명이라고 부르는데, 우리에게는 제약(制約)으로 알려져 있다. 그 제약이 어떤 것이든 간에 우리는 운명이라고 부른다. 만약 우리가 짐승 같고 야만적이라면, 운명 또한 짐승 같고 무시무시한 형태를 취한다. 우리가 세련될수록 운명의 제약은 한결 부드러워진다. 만약 우리가 정신적 문화로 상승한다면, 우리 적(운명)도 정신적 형태를 취한다. 힌두 우화에서 비슈누는 마야를 따라서 위로 올라가는 상승적 변화를 거친다. 벌레와 가재 형태에서 코끼리 형태를 취한다. 마야가 어떤 형태를 취하든 그는 그 종류의 남성적 모습으로 상승한다. 그러다가 마침내 마야가 인간의 여자이면서 여신이 되자, 그 또한 남자이면서 신이 된다. 영혼이 정화될수록 제약은 부드러워지나 필연의 고리는 언제나 그 위에 올라앉아 있다.

북유럽 신화에서 하늘의 신들은 아주 단단한 강철과 거대한 산 같은 힘으로도 펜리스 늑대(Fenris Wolf)를 묶어놓지 못했다. 늑대는 강철을 끊어버렸고, 묵직한 산은 뒷발질로 허물어뜨렸다. 그러자 신들은 늑대의 발목에 비단이나 거미집보다 부드러운 끈적끈적한 줄을 쳐놓았는데 이것으로 녀석을 제어할 수 있었다. 늑대가 그 줄을 떼어내려 할수록 그 줄은 더욱 단단해지면서 끈적끈적하게 달라붙었다.

운명의 고리는 그 줄처럼 부드러우면서도 동시에 강력하다. 브랜디, 넥타, 유황 에테르, 지옥 불, 이코르[49], 시, 천재 등 그 어떤 것을 들이대더라도, 이 끈적끈적한 줄을 떼어내진 못한다. 시인들이 노래하는 것처럼 그 운명에 높은 목적의식을 부여한다면, 심지어 우리의 생각 자체도 운명을 뛰어넘지 못한다. 우리 생각도 영원한 법칙에 따라 움직여야 하기 때문이다. 결국, 생각 속의 자의적이고 공상적인 것은 생각의 기본적 본질과 대립하게 된다.[50]

마지막으로, 생각보다 높은 도덕의 영역에서 운명은 정당한 복

<hr>

49 ichor. 그리스 신화에서 신들의 혈관 속에 흘렀다는 색깔 없는 영묘한 액체. '넥타'는 신들이 마시는 음료수를 의미한다.

50 여기서 생각은 시인의 시상(詩想)을 가리킨다. 시인은 자의적이고 공상적인 생각의 날개를 펴면서 시를 써야 하지만, 그 시가 영원의 법칙, 즉 운명의 손길을 노래하지 않는다면 그것은 운명과 대립하게 되어 영원의 법칙을 구현하지 못하고, 그리하여 시시한 시가 되어버린다는 뜻이다.

수를 행하는 자로 나타난다. 높은 자를 낮추고, 낮은 자를 높이며, 인간에게 정의를 요구한다. 인간이 그 정의를 지키지 않으면 조만간 그 모습을 드러내며 징벌한다. 유익한 것은 오래가고, 해로운 것은 곧 사라진다.

그리스인은 이렇게 말했다. "행동하는 자는 고통을 당한다. 그는 위로받을 줄 모르는 신들을 위로하려는 자이다."

웨일스의 삼제시(三題詩: 3개의 제목을 넣은 시)는 이렇게 말했다. "신은 악한 것을 위해 선을 내려주지 않는다."

스페인의 한 음유시인은 노래했다. "신이 동의할지라도, 잠시만 그렇게 할 뿐이다."

운명이 부과하는 제약은 인간의 통찰력으로는 꿰뚫어볼 수 없다. 운명이 최종적으로 가장 높이 상승할 때 인간의 통찰과 의지의 자유는 운명의 온순한 구성원이 될 뿐이다. 그러나 우리는 지나치게 광범위한 일반 개념을 제시해서는 안 되고, 운명의 자연스러운 테두리 혹은 본질적 특징을 보여주면서 동시에 운명의 다른 요소도 감안해야 한다.

운명을 적절히 활용하는 방법

이렇게 하여 우리는 물질, 마음, 도덕 속에 들어 있는 운명을 살펴보았다. 또 인종, 지층의 더딘 퇴적, 생각과 특성 등에 나타난 운명도 검토했다. 그것은 어디에서나 테두리 혹은 한계로 작용한다. 그러나 운명도 그 주인을 모시고 있다. 한계도 한계를 지니고 있다. 운명은 위에서 보거나 아래에서 볼 때, 내부에서 보거나 외부에서 볼 때 각기 달라진다.

운명이 거대하긴 하지만, 이중 세상[51]에서 한 부분을 차지하는 힘 또한 거대하다. 만약 운명이 힘을 따라오면서 제약하려 든다면, 힘은 거기에 맞서서 운명을 적대시한다. 우리는 운명을 자연사로서 존중해야 하지만, 그 안에는 자연사 이상의 것이 있다. 이 문제를 파고드는 비평은 누가 하는 것이며 무엇 때문인가?

인간은 자연이 만들어낸 날것 그대로가 아니다. 즉, 자루와 자루, 배[腹]와 기관(器官), 연쇄 사슬의 한 고리가 아니고, 부끄럽기만 한 마대 자루도 아니다. 인간은 자연에 맞서는 엄청난 적대적 힘, 우주의 양극[52]을 함께 끌어당기는 존재다. 그는 자기 아래에 있는 것— 두개골은 두껍고 뇌는 작아 물고기와 닮았으며 네 발 달린 영장류들—과 어떤 관계인지를 드러낸다. 인간은 새 힘을 얻었지만 그 대가로 예전의 힘을 약간 잃었다.

그러나 폭발하여 행성을 만들어내는 번개, 행성과 태양을 만들어내는 힘이 그의 내부에 깃들어 있다. 한편에는 사암과 화강암, 암봉, 이탄 늪지, 숲, 바다, 해안 등과 동일한 자연적 질서가 있다. 다른한편에는 그 자연을 만들어내고 허물 수 있는 의식, 생각, 정신이 있다. 그리하여 사람의 머리와 눈 속에서는, 신성과 악마, 정신과 물질, 왕과 왕을 죽이려는 자, 부드러운 흐름과 갑작스러운 동요(動搖)가 나란히 흘러가고 있다.

◇◇◇◇

51 아래에서 나오는 정신과 물질로 되어 있는 이중(二重) 세상을 가리킨다.

52 양극은 정신과 물질을 가리킨다.

인간은 자신의 자유의지를 무시할 수 없다. 모순어법처럼 들릴지 모르겠지만, 자유는 필연이다. 만약 당신이 자신을 운명의 편에 놓고 운명이 전부라고 말한다고 하자. 그러면 우리는 그런 운명의 한 부분은 인간의 자유가 차지한다고 대꾸한다. 영혼 속에서는 선택과 행동이라는 충동이 영원히 솟구쳐 오른다. 지성은 운명을 무력화한다. 인간은 생각하는 한, 자유이다.

그러나 다음과 같은 때 자유 운운하는 것은 혐오스럽다. 즉, 대부분 인간은 노예인데도 자유에 대하여 소리 높여 떠들어대거나, 경박스럽게도 「독립 선언문」 같은 문서의 서문에 나오는 자유가 지금 여기에서 말하는 자유와 같다고 여기는 경우 말이다. 생각하거나 행동할 의사는 조금도 없으면서 투표하는 권리를 자유로 생각하는 것도 우습기는 마찬가지이다.

나는 본능적이고 영웅적인 종족이란 운명을 선선히 받아들이는 사람들이라고 앞서 말한 바 있다. 그들은 운명과 공모한다. 사건의 진행에 만족하는 듯 체념한다. 그러나 허약하고 게으른 자가 이런 교리를 준수할 때는 전혀 다른 인상을 만들어낸다. 허약하고 사악한 자들은 운명에 모든 책임을 돌린다.

하지만 운명이 아닌 다른 길을 보는 게 인간에게는 더 유익할 때가 있다. 그게 더 실용적이다. 운명을 활용하는 사람은 객관적 사실들에 아부하는 것이 아니라 그것을 활용하고 명령한다. 신탁은 말한다. "자연을 응시하지 마라. 그녀의 이름은 치명적이니까."[53] 이런

◇◇◇◇

53 여기서 자연은 곧 신성을 가리킨다. 그리스 신화도 그렇고 기독교에서도 신의 얼굴은 정면으로 볼 수 없다고 가르친다. 여기서 그녀의 이름이란 자연의 이름을 가리키

한계들을 너무 깊게 생각하면 인간은 왜소해진다. 자신의 운명, 태어날 때의 별[54]을 지나치게 많이 말하는 사람들은 낮고 위험한 단계에 있는 것이며, 그들이 두려워하는 악을 스스로 불러오는 꼴이 된다.

운명을 이런 식으로 보아서는 안 된다. 운명을 올바르게 활용하려면 우리 행동을 자연의 고상함 쪽으로 끌어올려야 한다. 자연은 그 자체의 힘이 작용하지 않는 한 거칠고 무적이다. 인간도 이렇게 되어야 한다. 그의 가슴에서 공허한 자만심을 제거하고, 자연과 같은 수준으로 매너와 행동을 보임으로써 자기 주권을 보여야 한다. 목적의식을 중력의 당김처럼 단단하게 만들어야 한다. 그 어떤 권력, 설득, 뇌물도 자기 목적을 포기하게 할 수 없다. 인간은 강, 참나무, 산 같은 존재에 비할 수 있어야 한다. 그런 흐름, 그런 쑥쑥 뻗어감, 그런 우뚝함을 갖추어야 한다.

운명을 가장 잘 활용하는 길은 바로 운명적인 용기를 가르치는 데 있다. 바다에서의 불[55]과 친구 집의 콜레라, 집에 들어온 도둑에 맞서라. 의무를 수행하는 길에 등장하는 위험을 대적하라. 당신이 운명의 케루빔에 보호받고 있음을 알라. 운명 때문에 어떤 피해를 입었다는 생각이 든다면, 적어도 당신의 궁극적인 이익을 위해 그렇게

◇◇◇◇

는데, 어떤 대상의 이름을 안다는 것은 그 본질을 아는 것이므로, 신의 본질을 다 알려고 한다면 곧 죽음에 이른다는 뜻이다.

54 중세시대에는 신체적 조건의 자연적 상태는 늘 유동적이라고 이해했으며, 어느 특정 순간의 신체적 균형은 그 사람이 태어났을 때 천체(天體: 별)의 움직임에 따라 영향을 받는 것으로 알았다.

55 구체적으로는 배를 타고 가다가 선상에서 발생한 화재를 뜻한다. 에머슨 시대에는 미국과 영국을 오가는 수송 수단이 배밖에 없었으므로, 배에 불이 났을 때 그것을 끄지 못하면 죽음을 의미했다.

했다고 생각하라.

운명의 힘이 압도적이고 인간 또한 운명의 한 부분이라고 할지라도 인간은 운명을 운명으로 맞설 수 있다. 우주가 이런 야만적인 사건을 일으켰더라도, 우리의 원자(atoms)도 그에 못지않게 야만적으로 저항한다. 체내에 공기 저항이 없다면 우리는 대기압에 압사당했을 것이다. 얇은 유리로 만든 관은 그 안에 바닷물이 있으면 바다의 충격을 견딜 수 있다. 충격이 전능하다면 저항도 전능하다.

진리는 우리가 그 안으로 들어가는 것

그렇지만 운명을 운명으로 막는 일은 단지 공격을 피하는 수비적인 자세일 뿐이다. 그것 외에 고상한 창조적인 힘들도 있다. 생각의 계시는 인간을 예속에서 해방해 자유 쪽으로 데려간다. 우리는 자신에 대하여 이렇게 합당하게 말할 수 있다. 우리는 한 번 태어나는 것으로 그치지 않고 그 후에도 여러 번 다시 태어난다. 연속해서 아주 중요한 체험을 하면서 새것은 옛것을 잃어버린다. 그리하여 일곱 하늘 혹은 아홉 하늘 신화가 생겨났다.[56] 생애 최고의 날, 인생이

◇◇◇◇
56 일곱 하늘은 이슬람교에 나오는 것으로 1천은 순은, 2천은 황금, 3천은 진주, 4천은 백금, 5천은 다시 순은, 6천은 루비, 7천은 신성한 빛으로 되어 있다. 유대교의 카발라주의자는 천상에 일곱 하늘이 있으며 각 하늘은 층층이 올라가는데 일곱 번째 하늘은 신과 천사들의 처소라고 생각했다. 아홉 하늘은 이 일곱 하늘의 개념을 확대한 것으로, 단테의 『신곡』 중 천국 편에 자세히 서술되어 있다. 앞에 나온, "새것은 옛것을 잃어버린다"라는 말은 새것(생각에 의한 관념)이 옛것(물질과의 접촉으로 획득한 경험적 사실)을 능가하게 된다는 뜻이다.

라는 축제에서 가장 위대한 날은 우리의 내적인 눈이 뜨여 사물의 단일성(單一性)과 법칙의 편재성(遍在性: 어디에나 있음)을 보는 날이다. 그리하여 세상에 존재하는 모든 사물이 저마다 있어야 하고 또 반드시 존재해야 할 뿐만 아니라 최선임을 아는 것이다.

이러한 축복은 위에서 우리에게 내려온 것이고 그래서 우리는 볼 수 있다. 그러니 그것이 우리 안에 있다기보다는 우리가 그 안으로 들어갔다고 해야 옳다. 공기가 우리 폐로 들어오면 우리는 숨을 쉬고 생명이 유지된다. 빛이 우리 눈에 오면 볼 수 있다. 그렇지 않다면 우리는 전혀 보지 못한다. 이처럼 진리가 우리 마음속에 찾아온다면 우리는 갑자기 진리의 광대한 차원으로 확대된다. 마치 우리가 세상 크기만큼 자란 것처럼 느끼는 것이다. 우리는 법을 제정하는 사람이 되고 자연의 대변인이 된다. 우리는 예언을 하고 앞날을 헤아릴 수 있게 된다.

이런 통찰을 얻으면 우리는 온갖 잡다하고 사소한 것은 다 물리치고서 우주의 편이 되어 우주의 일을 도모하게 된다. 그러한 통찰을 바탕으로 발언하는 사람은 마음에 진실하게 느껴지는 것을 자신에게 확인한다. 그는 이렇게 말한다. "진리의 영원불멸을 보았으므로, 나 자신도 영원불멸이다. 그 패배하지 않은 상태를 보았으므로 나 자신도 패배하지 않는다."

그것(진리)[57]이 우리 안에 있는 것이 아니라 우리가 그 안에 들어가 있다. 그것은 만드는 자이지, 만들어지는 자가 아니다. 모든 사물

◇◇◇◇

57 여기서 말하는 진리는 신성으로서, 위에 나온 "사물의 단일성(單一性), 법칙의 편재성(遍在性)"을 주관하는 자를 가리킨다.

은 그것의 손길을 받고 변화한다. 그것은 사용할 뿐, 사용당하지 않는다. 그 진리에 동참하는 자와 동참하지 않는 자의 틈을 벌린다. 거기에 동참하지 못한 자들은 짐승에 불과하다.

그것은 스스로 시작하며, 예전 사람이나 더 좋은 사람, 복음, 헌법, 대학, 관습에서 나오지 않는다. 그것이 빛나는 곳에 자연은 더 이상 틈입해 오지 않으며, 모든 사물은 음악 혹은 그림과 같은 인상을 만든다. 인간 세상은 웃음없는 코미디처럼 보인다. 인구, 이해관계, 정부, 역사, 이 모든 것이 장난감 집에 등장하는 등장인물과 같다. 그것은 어떤 특정한 진실을 과대평가하지 않는다.

우리는 어떤 지성인이 인용한 생각과 말을 열심히 듣는다. 그가 있는 데서는 우리 마음도 어느 정도 달아올라 행동에 나서려 한다. 하지만 우리는 그가 한 말을 신속하게 잊어버리며, 지성인의 생각보다는 자기 생각을 새롭게 전개하는 데 관심이 더 많다. 우리는 어느 순간 신성의 장엄함 속으로 갑자기 올라간다. 그 몰개성, 자기중심주의에 대한 혐오, 세속적 법률에 대한 경멸 등이 우리를 매혹한다. 이런저런 식으로 일단 그 신성 안에 발을 들여놓으면, 우리는 풍선 속에 들어간 사람처럼 된다. 출발점이나 목적지 따위는 생각하지 않고 풍선을 타고 하늘로 두둥실 떠오른 자유와 영광만 생각하게 된다.

지성이 더할수록 당신 고유의 힘도 늘어난다. 설계(디자인)를 꿰뚫어보는 사람은 그것을 지배하고, 꼭 있어야 하는 것을 존재하게 한다. 우리는 앉은 채로 지배하고, 비록 잠들어 있더라도 우리 꿈은 실현된다. 우리 생각이 비록 한 시간밖에 익지 않았더라도 가장 오래된 필연성을 확인해준다. 필연은 생각에서 분리되거나, 의지로부터 분리된 것이 아니기 때문이다. 필연, 생각, 의지는 언제나 공존해왔다. 생각은 우리에게 그 주권과 신성함을 알려주며, 이런 주권과 신성함은 그 생각에서 분리되지 않는다. 생각은 네 것 혹은 내 것이 아니라, 모든 마음에 담긴 의지를 가리킨다. 그것은 모든 사람의 영혼 속으로 흘러든다. 영혼 자체가 사람을 구성하기 때문이다.

어떤 사람은 이렇게 주장한다. 대기권 상층부에 항구적으로 서향(西向)하는 흐름이 있어 그것이 높은 곳까지 올라오는 모든 원자를 끌고 서쪽으로 간다. 나는 이것이 사실인지 아닌지 모르겠지만, 영혼이 어느 정도 투명한 지각에 도달하면, 이기심을 뛰어넘는 지식과 동기를 부여받는다고 생각한다. 의지의 숨결은 영혼이 모인 세계를 통과하여 언제나 정의와 필연의 방향으로 흘러간다. 이것이 바로 모든 지성인이 호흡하는 대기이며, 세상에 질서와 궤도를 제시하는 바람이다.

생각은 정신을 들어 올려 유동적인 영역으로 옮김으로써 물적인 세상을 풀어지게 한다. 여기에 두 사람이 있어 각자 자기 생각에 복종한다고 해보자. 그 경우 가장 깊은 생각을 하는 사람이 가장 성품이 강하다. 남보다 깊이 생각하는 한 사람이 거룩한 섭리자의 뜻을 자기 시대에 더욱 나타내 보인다.

통찰과 감정을 융합해 의지를 만들라

생각이 사람을 자유롭게 하는 것처럼, 도덕 감정도 인간을 자유롭게 한다. 정신적 연금술이 무엇으로 구성되어 있는지는 분석하기 어렵다. 그렇지만 일단 진리를 깨달으면 그것으로 널리 세상을 지배하기를 원한다. 애정은 의지를 펼치는 데 필수적이다. 더욱이 강력한 의지는 보통 신체 조직의 강력한 단합에서 비롯된다. 마치 심신의 전반적인 에너지가 한 방향으로 흐르는 것과 같다. 모든 위대한 힘은 실재하며 근원적이다. 강력한 의지를 억지로 만들어내는 것은 불가능하다. 1파운드 무게의 균형을 맞추려면 어디선가 1파운드를 가져와야 한다.

마찬가지로 의지에 강력한 힘을 실으려면, 우주적 힘에서 가져와야 한다. 알라릭과 보나파르트[58]는 자신들이 진리에 굳게 서 있다고 틀림없이 믿었을 것이다. 그렇지 않았다면 그들의 의지는 매수되거나 꺾였을 것이다. 어떤 유한한 의지는 매수가 가능하다. 그러나 보편적 목적을 지닌 순수한 공감은 무한한 힘이며, 매수되거나 꺾이지 않는다.

도덕 감정을 경험했다면 선택의 여지 없이 그냥 무제한적인 힘을 믿게 된다. 그들의 심장 고동은 지존자의 맹세와 같다. 이 어린아이에게 엄청난 힘을 알리는 것이 아니라면, 숭고함(sublime)이라는 단어가 대체 무슨 의미가 있겠는가? 영웅적 행위를 적어놓은 글, 용기를 말해주는 이름과 일화는 하나의 주장이 아니라 자유의 분출이다. 페르시아의 시인 하피즈의 시는 그런 분출을 보여준다.

> 천상의 문 위에는 이렇게 적혀 있다
> 자기 운명에 배신당하도록 놔둔 자에게 슬픔이 있을진저!

◇◇◇◇

58 알라릭(Alaric)은 서고트족 왕으로 410년 로마를 약탈했고, 보나파르트는 나폴레옹 황제를 가리킨다.

역사책을 읽으면 우리는 운명주의자가 되는가? 오히려 용기는 그와 정반대 의견을 보여주지 않는가? 연금술의 우주에 저항해 싸우려고 멋지게 발휘된 자유의지가 바로 용기 아니겠는가?

그러나 통찰은 의지가 아니고 감정도 의지가 아니다. 지각(통찰)은 냉정한 것이고 소망(감정) 속에서 선(善)은 죽어버린다.[59] 볼테르는 이렇게 말했다.

선량한 사람들의 가장 큰 불행은 그들이 겁쟁이라는 것이다.

통찰과 감정, 이렇게 두 가지를 융합해야만 의지라는 에너지가 생긴다. 인간을 그의 의지로 전환시켜, 그가 곧 의지이고 의지가 곧 그인 상황이 되지 않으면 아무런 추진력도 생기지 않는다. 그래서 우리는 이렇게 과감하게 말할 수 있다. "진리에 감응하여 그것을 위해 순교자의 행동에 나설 준비가 되어 있지 않는 한, 진리를 올바르게 지각(인식)했다고 볼 수 없다."

자연 중에서 가장 진지하고 무서운 것은 의지이다. 사회는 의지의 결핍 때문에 굴복하고, 따라서 세상은 구세주와 종교를 원한다. 여기에 나아가야 할 한 가지 바른길이 있다. 영웅은 그 길을 보고서 그 목적에 따라 움직이며 온 세상을 발밑에 두고 뿌리와 지지목으로 삼는다. 다른 사람에게 그는 곧 세상이 된다. 영웅이 인정하면 명예

◇◇◇◇
59 지각하기만 하고 아무런 행동을 취하지 않는다면 냉정한 것이고, 그저 소망하기만 할 뿐 의지를 발동하여 그것을 획득하려는 행동에 나서지 않는다면 좋은 게 되지 못한다는 뜻이다.

롭고 반대한다면 치욕이다. 그의 눈빛에는 햇빛 같은 힘이 있다. 개인의 영향력은 기억 속에서 우뚝 솟아오르며, 숫자, 돈, 날씨, 중력 그리고 운명의 나머지 것은 기꺼이 잊힌다.

운명은 해석되지 않은 원인

제약이나 한계가 인간의 성장을 재는 척도라는 사실을 안다면, 우리는 그 제약을 얼마든지 받아들일 수 있다. 우리가 운명에 맞서는 것은, 어린아이가 집에서 벽을 등지고 서서 눈금을 새기며 해마다 자기 키를 확인해보는 것과 같다. 아이가 커서 어른이 되고 그 집의 주인이 되면 그는 자기가 키를 쟀던 벽을 허물고 새롭고 더 큰 벽을 세운다. 그것은 단지 시간의 문제일 뿐이다. 모든 용감한 청년은 이 용(운명)에 올라타고 다스리는 훈련을 받는다. 그의 학문은 이러한 열정과 지연시키는 힘을 활용해서 무기와 날개를 만들기 위해 존재한다. 운명과 힘이라는 두 가지 대립을 보면 그 둘 사이의 통합을 믿을 수 있겠는가?

대부분 사람은 두 가지 신을 믿는다. 그들은 가정, 친구와 부모, 사교계, 문학, 예술, 사랑, 종교 등에서 특정 신의 지배를 받는다. 그러나 기계공학, 증기와 날씨, 무역, 정치 분야에서는 또 다른 신의 지배를 받는다. 한 지배 영역의 방법과 작동 방식을 다른 영역으로 이동시키는 것은 큰 실수가 된다. 집에서는 선량하고, 정직하고, 관대한 남자들이 증권거래소에서는 늑대와 여우가 된다. 거실에서는 경건한 사람이 투표소에서는 타락한 자들에게 투표한다! 이들은 어느 정도까지는 섭리의 작용을 믿는다. 그러나 증기선, 전염병, 전쟁 등에서는 사악한 에너지의 규칙을 믿는다.

그러나 관계와 연결은 어느 곳 어느 때에 국한하지 않고, 모든 곳에서 항상 존재한다. 사람들 눈에 보이지 않는다고 신성한 질서가 멈추는 것은 아니다. 다정한 힘은 이웃 농장 혹은 이웃 행성에서도 같은 규칙을 따라 작동한다. 그러나 경험하지 못한 곳에서는 신성한 질서에 역행하다가 다친다. 그렇다면 운명이란 아직 생각의 불길을 통과하지 않은(즉, 아직 생각해내지 못한) 사실을 일컫는 이름이다. 아직 온전히 파고들지 못한 사건에 대한 이름이다.

혼란은 마치 인류를 멸종시킬 것처럼 때때로 분출한다. 우리는 지성을 활용하여 그 혼란을 건전한 힘으로 바꾸어놓을 수 있다. 운명이란 아직 온전히 파고들지 않은 사건이다. 바닷물은 배와 선원을 마치 먼지인 양 덮치려 한다. 하지만 헤엄치는 요령을 배우고 소형 돛배를 준비하면 그 돛배를 가라앉히려는 파도를 타고 넘을 수 있으며, 파도는 그 돛배를 마치 자신의 포말인 것처럼 실어 나를 것이다.

추위는 사람을 구분하지 않고 피를 식히고, 이슬방울처럼 얼게 한다. 그러나 스케이트 타는 방법을 배우면 빙판은 그에게 우아하고, 멋지고, 시적인 움직임을 제공한다. 추위는 당신의 사지와 두뇌에 자극을 주고 정신력을 활발하게 해 앞서가게 만든다.

추위와 바다는 자연이 애지중지하는 제국주의적 색슨 종족을 훈련시킨다. 자연은 그 종족을 저기 잉글랜드에 천 년간 가두었다가, 그 후에 백 개의 잉글랜드와 백 개의 멕시코를 만들어낼 것이다. 그 종족은 모든 피를 흡수하고 지배할 것이다. 멕시코들뿐 아니라 물과 증기의 비밀, 전기 경련, 금속의 가연성(可延性), 하늘의 마차, 방향 키

달린 풍선이 당신을 기다린다.[60]

장티푸스로 해마다 죽는 사람의 숫자가 전쟁으로 죽은 사람을 훨씬 능가한다. 그러나 세균이 창궐하는 곳에 준설 작업을 하면 장티푸스 전염병 확산은 얼마든지 막을 수 있다. 해군 선원들이 잘 걸리는 괴혈병은 레몬주스와 다른 휴대용 식품 혹은 입수 가능한 식품으로 치유된다. 콜레라와 천연두는 배수 시설과 백신으로 막을 수 있다. 그 밖의 다른 전염병도 원인과 결과의 사슬 속에 있으므로 방역 가능하다.

이처럼 문명의 기술이 독을 빼내는 동안, 그 기술은 정복한 적에게서 혜택도 끌어낸다. 거친 물길은 잘 다스려서 인간을 위해 힘든 일을 대신하게 만들고, 들짐승은 잡아서 식품, 옷감, 노동력으로 활용한다. 화학적 폭발은 손목시계처럼 통제할 수 있다. 이런 것들이 인간이 지금 타고 다니는 말이다. 인간은 말의 네 발, 바람의 날개, 증기, 가스 풍선, 전기 등 각종 수단을 활용해 이동한다. 심지어 발끝으로 서서 살금살금 다가가 원기 왕성한 독수리를 사냥하려고 한다. 운송수단으로 삼지 못할 것이 없다.

증기는 얼마 전까지만 해도 우리를 두렵게 하는 악마였다. 도공이나 놋쇠 세공사가 만든 냄비는 뚜껑에 구멍이 나 있었다. 증기가 냄비와 지붕을 들어 올리고 나아가 집까지 날리지 못하게 구멍으로 김을 빼내려 한 것이다. 그러나 우스터 후작, 와트, 풀턴은 그런 힘이 있는 곳에 악마가 아니라, 신이 있다고 생각했다. 그 힘을 잘 활용해

<hr />

60 에머슨 시대는 대영제국의 선성기였으므로 대영제국의 넓은 세력 판도를 이런 식으로 비유적으로 묘사했음을 감안해야 한다.

야 하고 그냥 버려두거나 낭비해서는 안 된다고 보았다. 신은 증기처럼 간단하게 냄비, 지붕, 가옥을 공중 높이 들어 올릴 수 있을까? 그분이야말로 이 증기기관 발명가들이 찾아다녔던 일꾼이었다. 그분을 잘 활용해 냄비나 지붕보다 훨씬 더 녹록지 않고 위험한 악마들, 가령 엄청난 흙더미, 산등성이, 거대한 부피의 물과 저항, 기계류 등을 단단히 묶어 들어 올릴 수 있었고, 사람들의 노동력을 획기적으로 절약할 수 있었다. 그렇게 하여 신은 인간의 시간(수명)을 늘리고 공간을 단축하게 했다.

증기보다 훨씬 더 수준 높은 힘(군중의 분노)을 상대하는 요령도 별반 다르지 않았다. 백만 명의 의견이 모이면 온 세상이 두려워했다. 따라서 그들에게 즐거움을 제공하거나 아니면 사회 계층 위에 또 다른 계층을 쌓는 방식으로 분노를 해소하려 했다. 그러니까 맨 밑에 군인 계층, 그 위에 영주 계층 그리고 맨 꼭대기에 왕이 있었고, 성채, 수비대, 경찰이 걸쇠와 쇠테를 둘러 그 구조를 군중의 분노로부터 단단하게 유지하려 했다.

때때로 종교적 원칙이 개입하여 그 구조를 지탱하는 쇠테들을 쳐부수고, 그 위에 올라탄 산처럼 육중한 무게를 제거했다. 정계의 풀턴이나 와트 같은 사람들은 단합이 중요하다는 것을 알았고 그것(군중의 의견)이 힘이라는 것을 이해했다. 그리하여 그들은 다양한 사회 체제—산처럼 위에서 묵직하게 내리누르는 수직적 구조가 아니라 수평적으로 널리 펴지는 사회 구조—를 도입하여 그것을 만족시켜(정의가 모든 사람을 만족시키는 것처럼), 이 무서운 힘을 활용해 국가를 지탱하는 가장 무해하고 든든한 수단으로 삼았다.

운명과 자유를 결합한 삶

솔직히 고백하지만, 운명의 교훈은 아주 부담스럽다. 단정한 골상학자에게 자기 운명을 이야기해달라고 하는 것을 누가 좋아하겠는가? 자신의 두개골, 척추, 골반에 색슨족이나 켈트족의 모든 악행이 감추어져 있다고 생각하길 좋아하는 사람이 있을까? 그런 종족 기질이 그에게 장엄한 희망과 결단을 안겨줄 수도 있지만, 동시에 그를 끌어내려 이기적이고 상업적이고 굴종적이고 기회주의적인 동물로 추락시킬 수도 있다. "나폴리 사람들은 성인이 되면 틀림없이 악당의 모습을 그대로 갖춘다." 박식한 의사는 우리에게 이런 사실을 말해준다. 다소 과장되기는 했지만, 영 틀린 얘기는 아니다.

그러나 이런 것들은 사람에게 군수품 창고이자 무기고이기도 하다. 사람은 자기 결점에 감사하면서 재주도 두렵게 여겨야 한다. 초월적인 재주를 가진 사람은 그 힘을 지나치게 많이 사용하는 바람에 절름발이가 될 지경이다. 이와 달리 결점이 다른 측면에서는 혜택을 안겨준다. 유대인의 상징인 고통 때문에 오늘날 그들은 지구상의 지배자 중 지배자가 되었다.

악(惡)이 진행중인 선(善)이라면, 운명은 원광석이고 석산(石山)이다. 제약이 결국 힘이 된다면, 참사, 대립, 짓누르는 무게는 날개이며 수단이다. 우리가 이렇게 생각할 수 있다면 우리는 운명과 자유를 결합한 것이다.

운명은 개선(改善)과 함께 간다. 우주의 상승 노력을 인정하지 않는 우주관은 건전한 우주관이라고 할 수 없다. 부분과 전체는 우리에게 유익을 주는 방향으로 나아가되, 건전함에 비례한다. 모든 개인의 뒤에서는 조직의 문이 닫히고, 그의 앞에는 자유가 열린다. 더 좋고 최고로 좋은 자유.

최초에다 최악인 종은 사라졌다. 두 번째로 나타난 불완전한 종족은 죽어가거나 더 성숙해지길 기다리고 있다. 가장 최근 종인 인간은 동료들로부터 관대함, 새로운 지각, 사랑과 칭송을 이끌어낸다. 이것은 운명을 자유로 바꾸어놓는 진보의 증거다. 이제는 정신적으로 웃자란 신체 조직의 구속과 제약에서 의지를 해방하는 것, 이것이 세상의 목적이며 목표다.

충분한 시야를 확보한 상태에서 동물적 생활의 전체 사이클을 본다면 즐거움을 느낄 수 있다. 먼저 "이에는 이"의 단계가 있었다. 그다음에 서로 잡아먹는 전쟁이 있고, 음식을 얻기 위한 전쟁, 고통의 외침과 승리의 환호가 있다. 이어 마침내 모든 동물, 모든 화학적 덩어리가 더 높은 목적을 위해 부드러워지고 세련된 존재가 된다.[61]

그러나 운명이 자유로 흘러들고 다시 자유가 운명으로 흘러드는 것을 똑바로 보려면 모든 피조물의 뿌리가 얼마나 깊게 뻗어 있는지를 관찰해야 한다. 혹은 가능하다면, 연결의 실마리가 되는 지점을 발견해야 한다. 우리의 삶은 서로 일치하고 멀리까지 연결되어 있다. 이 자연의 매듭은 너무나 단단하게 매어져 있어서 아무리 똑똑한 사람도 그 두 끝을 발견할 수 없다. 자연은 복잡하고, 중첩되고,

<hr />

61 "이에는 이, 눈에는 눈"은 "발톱의 법칙"(*lex talonis*)이라고도 하는데, 범행한 죄와 동일한 정도의 피해를 경험하게 하는 형법으로 복수법이라고도 한다. 이 문장은 인간이 정신적 상태로 향상되기 전의 여러 동물적 상태와 단계를 서술하고 있다.

서로 교차하여 끝이 없다. 영국의 건축가 크리스토퍼 렌은 킹스 칼리지의 아름다운 예배당에 대해 이렇게 말했다.

"만약 누군가가 그에게 첫 돌을 놓아야 하는 지점을 말해준다면, 그는 이런 건물을 또 하나 지을 수 있을 것이다."

그러나 우리는 인간이라는 집, 어디에서 첫 번째 원자를 발견할 것인가? 그 집은 모든 부분의 합치요 융합이요 균형인데 말이다.

관계의 그물망은 서식지와 동면하는 곳에서 드러난다. 동면 장소를 관찰한 결과 어떤 동물들은 겨울에 무기력한가 하면, 어떤 동물들은 여름에 무력하다. 그렇다면 '동면'(겨울잠)은 잘못 붙인 이름이다. 긴 잠은 추위가 아니라 동물에게 적합한 먹이의 공급에 좌우된다. 동물은 먹을 것이 비수기로 접어들면 무기력해지고, 그런 먹이가 충분할 때는 활동이 재개된다.

눈은 빛 속에, 귀는 귓속 공기에, 두 발은 땅에, 지느러미는 물에, 날개는 공중에 있다. 각각의 생물은 환경과 개체 사이, 적합성이 확보된 상황에서 있어야 할 곳에 존재한다. 모든 지역에는 나름의 동물군(群)이 있다. 동물과 그 먹이, 기생충, 적들 사이에는 적절한 조정이 발생한다. 균형이 유지된다. 그 개체수가 줄지도 않고 폭발적으로 증가하지도 않는다.

인간에게도 유사한 조정이 일어난다. 그가 도착하면 음식이 요리된다. 탄광에는 그의 석탄이 있다. 집은 환기가 되고 홍수로 생긴 진흙은 마른다. 동료들이 같은 시간에 도착하여 사랑, 협력, 웃음, 눈물로 그를 기다린다. 이런 것은 평범한 조정이지만, 이보다 훨씬 은밀한 조정도 있다. 모든 피조물에게는 공기와 음식 이상의 것이 있다. 인간에게는 충족되어야 할 본능이 있고, 그는 자신의 소용에 적합한 것을 필요에 알맞게 본능적으로 조정할 수 있다. 보이는 것은 물론이고 보이지 않는 것까지도 알맞게 갖추어져 있을 때 인간은 비로소 존재한다. 즉, 단테와 콜럼버스 같은 인물의 출현은 하늘과 땅에 어떤 변화가 생겼음을 알려준다.

이런 일은 어떻게 가능해졌을까? 자연은 낭비하지 않고 그 목적을 향해 최단 거리를 달려간다. 장군이 병사들에게 "너희가 요새를 원한다면, 요새를 지어라"라고 말하듯, 자연은 모든 피조물에게 각자 일하여 그 생계를 잇게 한다. 그것이 행성이든 동물이든 나무든 이러한 이치는 똑같다. 행성은 자신을 만든다. 동물의 세포도 자신을 만들고 이어 원하는 것을 만든다. 굴뚝새든 용이든 모든 피조물은 자신의 거처를 만든다.

생명이 생기는 순간, 자기 보존의 방향성이 설정되고, 물질을 흡수하여 사용한다. 생명은 자유이며 자유의 양에 직접 비례하여 꽃을 피운다. 새로 태어난 아이도 무기력하지 않다는 것을 당신은 확실히 안다. 생명은 그가 처한 환경 속에서 자발적으로 그리고 초자연적으로 작동한다. 당신은 아이의 체중이 고작 몇 파운드에 불과하고 그저 피부 속에 갇혀 있는 존재라고 생각하는가? 이 손을 내뻗고, 환히 웃고, 뭔가를 내던지는 아이가? 작은 촛불도 1마일까지 그 빛을 전할 수 있고, 사람의 눈동자는 모든 별을 향해 그 빛을 보낸다.

뭔가 할 일이 있을 때, 세상은 그것을 해내는 방법을 안다. 식물의 눈은 필요에 따라 잎, 과피(果皮), 뿌리, 껍질, 가시를 만든다. 최초 세포는 용도에 따라 위, 입, 코, 손톱으로 변모한다. 단테와 콜럼버스는 그들 시대에는 이탈리아인으로 태어났다. 만약 오늘날이었다면 러시아인이나 미국인이었을 것이다. 사물이 익어가면서 새로운 인간이 출현한다. 이러한 적응 과정은 변덕스럽지 않다. 궁극적인 목표, 그 자체를 넘어서는 목적, 행성들이 가라앉고 결정(結晶)되는 상호관계가 있고, 그다음에 목숨을 가진 짐승과 인간이 생긴다. 이러한 적응 과정은 멈추지 않고 좀 더 미세한 사항으로 작동해 들어간다. 그다음에는 더 미세한 데서 최고로 미세한 데로 옮겨갈 것이다.

사람과 사건 사이의 연결 고리

세상의 비밀은 사람과 사건이 맺는 관계에 있다. 사람은 사건을 만들고 사건은 사람을 만든다. '시대'나 '시절'이란 그 시대의 축소판인 심오하고 활동적인 소수를 의미하는 게 아니라면 무엇이겠는가? 괴테, 헤겔, 메테르니히, 애덤스, 캘훈, 기조, 필, 코브덴, 코수드, 로스차일드, 애스터, 브루넬 등이 그런 사람들이다. 사람, 시대, 사건 사이에 적절한 조정이 이루어졌다고 보아야 한다. 동물의 성들 사이에 그리고 동물의 종과 그 먹이 혹은 하급 종 사이에 적절한 조정이 벌어지는 것처럼 말이다.

그는 자신의 운명이 낯설다고 생각하는데, 사람과 사건 사이의 연결 고리가 감추어져 있기 때문이다. 그러나 영혼은 그 자신(영혼)에게 벌어질 사건을 그 안에 간직한다. 사건은 영혼이 생각하는 것이 구체화된 것일 뿐이고, 우리는 언제나 기도하는 것을 얻기 때문이다. 사건은 당신의 형체가 남기는 흔적이다. 그것은 당신 피부처럼 당신에게 착 달라붙는다. 각자 행하는 것은 그에게 적합한 것이다. 사건들은 그의 신체와 마음이 낳은 아이들이다. 우리는 운명의 영혼이 곧 우리의 영혼임을 안다. 그래서 하피즈는 노래한다.

아! 지금까지 나는 몰랐구나

내 안내인과 운명의 안내인이 같은 사람임을.

사람을 매혹하게 하고 또 사람들이 열심히 갖고 노는 장난감들—집, 땅, 돈, 사치, 권력, 명성—은 모두 똑같은 것인데, 단지 각각에 환상(幻想)이라는 새로운 천이 한두 겹 붙어 있을 뿐이다. 그리고 인간들이 기꺼이 머리가 깨지는 것을 감수하면서, 매일 아침 엄숙하게 행진하게 만드는 북소리와 야단법석 중에서 가장 놀라운 일은, 사건이 그저 자기 마음대로 일어나며 우리 행동과는 무관하다고 믿는 것이다. 마술사의 집에서 우리는 인형을 조종하는 가는 실을 보는데, 실상에서는 원인과 결과를 이어주는 실을 발견할 정도로 눈매가 날카롭지는 못하다.

자연은 마치 마법사처럼 인간을 자기 운명에 적합하게 만드는데, 운명을 인간 성품의 결과물로 삼기 때문이다. 오리는 물속으로 가고, 독수리는 하늘을 날고, 두루미는 바닷가 가장자리를 걷고, 사냥꾼은 숲으로 가고, 회계사는 회계 사무실로 가고, 군인들은 국경으로 간다. 이렇게 하여 사건은 사람과 동일한 줄기 위에서 자란다. 사건이 제2의 사람인 이유다. 삶의 즐거움은 그가 삶을 어떻게 살아가느냐에 달린 것이지, 하는 일이나 사는 장소에 달려 있지 않다.

삶은 황홀이다. 우리는 사랑이 어떤 광기인지 잘 안다. 그 사랑의 힘은 대단하여 사악한 대상도 천상의 빛깔로 그려낸다. 정신이상자는 자기 옷이나 음식, 주거에 무관심하다. 꿈속에선 아주 어리석은 행위를 평온한 마음으로 해내는 것과 비슷하다. 마찬가지로 삶이라는 컵에 와인 한 방울을 떨어뜨리면 우리는 낯선 사람과도 잘 어울리게 된다.

각각의 피조물은 자신에게서 조건과 영역을 만들어낸다. 민달팽이가 땀 흘려 배나무 잎사귀에 끈적끈적한 집을 만들고, 사과나무의 솜털 많은 진딧물이 땀을 내어 자기 침상을 만들고, 물고기는 그비늘을 만들어낸다. 젊은 시절 우리는 몸에다 무지개를 두르고 용감하게 황도대를 향해 나아간다. 나이가 들면 우리는 또 다른 발한(發汗) 작용을 한다. 동통, 열병, 류머티즘, 변덕, 의심, 초조함, 욕심 따위를 만들어내는 것이다.

운명은 성품의 결과

운명은 성품의 결과다. 친구들은 매력이 만들어낸 결과다. 우리는 그런 운명의 사례를 찾아보기 위해 헤로도토스나 플루타르코스를 찾는다. 그러나 굳이 그럴 필요가 없다. 자신이 구체적 사례다.

"우리는 각자 자신의 성품을 견뎌야 한다."[62]

모든 사람이 자기 기질 속에 있는 모든 것을 동원한다. 다음과 같은 오래된 믿음에 이것이 잘 표현되어 있다. "운명으로부터 달아나려고 갖은 노력을 기울여보지만 결국 우리는 그 운명에 빨려 들어

---

62 *Quisque suos patimur manes.* 베르길리우스의 시에서 가져왔다.

간다." 인간은 탁월함의 증거로 자신의 능력을 칭찬받는 것보다 자기 지위를 칭찬받기를 더 좋아함을 목격했다.

사람은 자기 성품이 서로 연관된 여러 사건 속에서 구현되는 것을 본다. 그 사건들은 실은 자신에게서 나오고 또 그를 따라다닌다. 사건들은 성품과 함께 확대되어 간다. 한때 장난감을 갖고 놀았듯, 이제 어른이 되어서는 거대한 제도 속에서 일정한 역할을 담당하고, 야망, 동료들, 실적 등으로 그의 성장은 드러난다. 그는 이것을 행운 탓으로 생각하지만, 실은 인과 작용의 한 조각일 뿐이다. 그가 채워야 하는 공백에 알맞게 각이 지고 갈아낸 모자이크 조각이다.

마을에는 자기 두뇌와 실적으로 마을의 경작, 생산, 공장, 은행, 교회, 생활방식, 사교계 등을 설명하는 사람이 있다. 그런 사람을 만나지 못했다면 당신은 어떻게 해야 할지 몰라 어리둥절하겠지만, 그들을 만난 후에는 모든 것이 명확해진다. 매사추세츠주의 경우, 우리는 뉴베드퍼드, 린, 로웰, 로렌스, 클린턴, 피치버그, 홀리오크, 포틀랜드 그리고 다른 많은 번화한 도시를 건설한 사람이 누구인지 안다. 조금만 상상하자면, 이런 사람은 당신에게 걸어 다니는 도시처럼 보인다. 그리하여 당신이 그들을 어디로 배치하든 그들은 도시를 건설할 것이다.

운명은 소원을 따르므로 자기 소원을 경계하라

역사는 자연과 생각의 작용과 반작용이다. 좁은 연석 위에서 서로 밀어내려고 힘쓰는 두 소년과 같다. 모든 것이 미는 자와 밀리는 자이다. 물질과 정신은 언제나 기울어졌다가 다시 균형을 잡는다. 인간이 허약한 동안에 땅은 그를 마음대로 다룬다. 그러나 인간은 자기 두뇌와 애정을 땅에다 심는다. 점점 인간은 땅을 다룰 수 있게 되고, 정원과 포도원을 아름답게 가꾸면서 자기 생각에서 나오는 생산성을 수확한다. 정신(생각)이 접근하면, 우주의 모든 단단한 것은 액체 상태가 된다. 단단한 것을 유동적인 것으로 만드는 힘이 곧 정신력을 측정하는 기준이다. 만약 벽이 계속 단단한 상태라면 그것은 정신(생각)이 허약함을 보여준다. 은밀한 힘이 작용하면 그 벽은 새로운 형태가 되면서 정신의 수준이 어떠함을 표현한다.

우리가 살아가는 도시는 어떤 사람의 의지에 복종한 서로 다른 물질의 총합이 아니면 무엇이겠는가? 화강암은 처음에는 말을 잘 듣지 않았으나 그의 두 손이 더 강력했으므로 결국 복종했다. 쇠는 땅속 깊숙이 돌과 함께 있었으나 그의 불길을 피해가지 못했다. 나무, 석회, 물자, 과일, 고무는 온 땅과 바다에 흩어져 있지만, 그래봐야 아무 소용 없다. 그것들은 노동자의 손길이 닿는 이곳에 와 있다. 그가 그렇게 되길 바랐기 때문이다.

온 세상은 생각의 그물망 위에 펼쳐져 있는 유동적 물질과 같다. 생각이 지으려는 곳의 기둥이나 점을 향해 물질은 흘러간다. 인간 종족은 자신을 지배하는 생각과 함께 땅에서 솟아났다. 그들은 다시 자신을 여러 그룹으로 나누어 이 형이상학적 추상[63]을 위하여

◇◇◇◇

63 구체적으로는 앞에서 나온 도시의 기둥과 점을 가리킨다. 자연에는 원래 도시가 없었으나, 인간의 생각이 그 도시를 만들어낸 것이므로 결국 (생각에 의한) 형이상학적 추출물(추상)이 되는 것이다.

맹렬히 싸울 준비가 되어 있다. 생각의 품질이 이집트인과 로마인을 구분하고, 오스트리아인과 미국인을 구분했다.

어떤 한 시대에 무대 위에 올라온 사람들은 모두 서로 연결되어 있다. 어떤 아이디어는 공기 중에 떠다닌다. 우리는 그것(아이디어)에 민감하게 반응하는데, 실은 우리가 그 아이디어로 만들어진 존재이기 때문이다. 인간은 모두 감수성을 갖고 있으나 어떤 사람은 다른 이보다 그것이 더 강하여 그런 아이디어를 먼저 표현했을 뿐이다. 이것이 발명과 발견의 기이한 동시대성을 잘 설명해준다.

진리는 공기 중에 떠다닌다. 가장 감수성 강한 두뇌는 그것을 먼저 선언할 것이고 그러면 잠시 뒤에 모든 사람이 그것을 받아 선언한다. 그래서 감수성 강한 여인들은 다가오는 시간의 가장 좋은 지표다. 또 시대정신이 강하게 스며든 위대한 남자도 감수성이 강하다. 그는 빛에 반응하는 요오드처럼 신경질적이고 섬세하다. 그의 정신이 다른 사람보다 더 올곧은 이유는 아주 정밀하게 평형을 유지하는 바늘만이 잡아낼 수 있는 미세한 진동도 잡아내기 때문이다.

이러한 상관관계는 결점에서도 드러난다. 뮐러는 그의 논문 「건축론」에서 지어진 목적에 정확하게 부응하는 건물은 건축가가 아름다움을 의도하지 않았더라도 아름다운 건물이 된다고 주장한다. 나는 인간적 구조물 속의 이러한 통일성이 대단히 맹렬하게, 또 널리 퍼져나가는 것을 본다. 논증을 해보면 한 사람의 핏속에 흐르는 조잡함이 드러난다. 어깨에 혹이 있으면 언변과 수작업(手作業)에서도 그것이 드러난다. 또한, 마음에서도 그 혹이 드러난다. 누군가의 목소리에 시소 같은 높낮이가 있다면, 그가 쓰는 문장, 시, 그가 써낸 우화의 구조, 사상, 자선 등에도 스며든다. 모든 사람은 자신의 다이몬[64]에 시달리고 자기 질병으로 고통받으므로, 이것이 그의 모든 행동을 견제한다.

사람은 식물처럼 자기 기생충을 가지고 있다. 강하고 모질고 지독한 본성은 정원의 나무 잎사귀를 뚫어먹는 민달팽이와 나방보다 더 지독한 적들을 갖고 있다. 바구미, 나무좀, 칼벌레 등이 그 적들이다. 사기꾼이 먼저 그를 갉아먹고 그다음에 손님이, 그다음에는 돌팔이 의사가, 이어서 아주 부드럽고 유들유들한 신사, 몰록[65]처럼 지독하고 이기적인 신사가 그를 빨아먹는다.

이러한 상관관계는 충분히 짐작할 수 있다. 실마리가 있다면 생각은 그것을 따라가 드러낼 수 있다. 특히 영혼이 유순하고 재빠를 때는 더욱 그렇다. 초서는 그러한 예지에 대하여 이렇게 노래한다.

적절한 모습을 갖춘 영혼이
사람들 생각처럼 완벽하다면
앞으로 무슨 일이 닥칠지도 알리라
그리하여 암시나 상징으로 모험을 알리리라
하지만 슬프게도 우리 육신은
그것을 이해할 능력이 없구나

◇◇◇◇

64 daemon. 플라톤이 『향연』에서 처음 쓴 말로, 인간과 천상을 연결해주는 중간자 혹은 영혼을 가리킨다. 다이몬은 좋은 쪽으로 작용할 수도 있고, 나쁜 쪽으로도 작용할 수 있는데 여기서 에머슨은 후자로 사용하고 있다.

65 Moloch. 어린이를 제물로 바치고 제사 지낸 고대 페니키아인의 신. 여기서는 무서운 희생을 요구하는 것, 전쟁 따위로 인류가 희생되는 것을 의미했다. 구약성경 아모스서 5장 25-27절을 보라.

그저 어슴푸레 경고받는 데 그칠 뿐.

어떤 사람들은 각운, 우연의 일치, 조짐, 주기성, 예감 등이 발달했다. 그들은 자신이 찾아다니는 사람을 만난다. 사람들이 자신에게 해줄 말도 먼저 그들에게 말한다. 백 가지 조짐이 그들에게 장차 벌어질 일을 미리 알려준다.

이 방랑자 같은 인생은 거미집 속에 놀라운 복잡성이 있고, 그 디자인 속에 놀라운 일관성이 있음을 보여준다. 우리는 파리가 어떻게 제 짝을 찾는지 궁금해한다. 반면, 우리는 두 남자와 두 여자가 아무런 법적, 육체적 인연을 맺지 않은 채 서로 멀리 떨어지지 않은 곳에서 인생의 가장 좋은 시간을 보내는 것을 매해 발견한다. 교훈은 분명하다. 자신이 찾아다니는 것은 발견하고, 피해 달아나는 것은 우리에게서 사라진다. 괴테는 이렇게 말했다. "우리가 젊은 시절에 바랐던 것은 노년이 되면 때로 몰려온다." 우리가 기도했던 것이 저주처럼 우리에게 주어진다는 것이다. 이 때문에 우리는 아주 조심해야 한다. 결국, 우리가 소망했던 것을 갖는 게 확실하므로, 우리가 가장 귀한 것만 요구하도록 해야 한다.

이중의식: 인생의 신비를 푸는 열쇠

인간 조건의 신비를 해결하고 운명, 자유, 예지의 저 오래된 매듭을 풀어주는 열쇠가 하나 존재한다. 이중의식이 그것이다. 인간은 자신의 개인적 본성과 공적 본성이라는 두 가지 말을 번갈아 타야 한다. 서커스단의 기수가 재빨리 이 말에서 저 말로 갈아타고, 한 발은 이 말, 다른 발은 저 말의 등위에 올려놓으며 점프하는 것과 비슷하다.

그리하여 인간은 운명의 희생자가 되어 허리는 좌골신경통으로 아프고 마음은 과로로 근육 경련이 일어날 정도다. 발은 납작해지고 재치는 둔감해진다. 쉬어 터진 얼굴에 이기적인 기질이 자리 잡는다. 거들먹거리는 걸음걸이에 오만한 자부심도 깃든다. 아니면 자기 종족의 악덕에 갈려 가루가 되어버린다. 이럴 때 그는 심기일전하여 우주와의 관계를 재정립해야 한다. 이렇게 할 수 있다면 그의 여러 몰락이 우주를 돕는 셈이다.[66] 그는 괴로워하는 다이몬을 떠나 신성과 한편이 되고, 그리하여 신성은 그의 고통에서 보편적 이익을 확보한다.

그를 끌어내리려는 기질과 종족의 잡아당기려는 힘을 상쇄하기 위해 배워야 할 교훈은 다음과 같다. 자연 전체에 퍼진 두 원소[67]의 교묘한 공존을 통하여, 당신을 불구로 만들고 마비시키는 것은 그에 상응하는 신성을 가져와서 보상해준다. 선한 의도는 갑작스러운 힘으로 자신에게 옷을 입힌다. 신이 말을 타고 싶다는 의도를 드러내면, 나무 조각이나 조약돌이라도 갑자기 날개 달린 발을 내밀어 그에게 말의 역할을 한다. 자연과 영혼을 완벽한 해결 속에 일치시키려는 "성스러운 단일성" 앞에 제단을 건설하고, 모든 원자가 보편적

◇◇◇◇

66 육체의 쇠락이 어떻게 우주를 돕는 것인지에 대해서는 해제의 작품해설 중 "운명"편을 참고하라.

67 선과 악 혹은 정신과 물질.

목적에 봉사하도록 하자.

펄펄 내리는 눈송이, 조가비, 여름 풍경, 별들의 영광은 놀라운
게 아니다. 우주를 지배하는 아름다움이라는 필연, 그리하여 모든 것
은 그림처럼 아름답고 또 그래야만 한다는 필연에 우리는 경탄한다.
하지만 무지개, 지평선의 곡선, 푸른 하늘의 아치는 단지 인간의 눈
조직이 만들어낸 결과일 뿐이다. 어리석은 아마추어들이 나를 꽃의
정원, 햇빛이 황금빛으로 물든 구름, 장엄한 폭포에 데려가 거기에
빠져들게 하는데, 다 소용없는 일이다. 세상 어디에 눈을 돌리더라
도 영광과 은총을 보지 않는 곳이 없기 때문이다. 내 안에 내재하는
필연이 혼란의 이마 위에 아름다움의 장미를 심어놓고, 자연의 중심
의도가 조화와 기쁨임을 보여주는데, 여기저기의 명승지를 무작위
로 선택해 그걸 아름답다고 하는 것은 얼마나 어리석은 짓인가.

"아름다운 필연" 앞에 제단을 세우자. 우리가 자유를 생각하는
방식이 독특한 나머지, 하나의 예외 사례로 아주 환상적인 어떤 의
지가 작용하여 삼라만상의 법칙보다 우위에 설 수 있다고 해보자.
가령 어린아이의 손이 태양을 따오는 것 같은 경우 말이다. 또 아주
작은 특별한 사건에서, 인간이 자연의 질서를 흔들어놓을 수 있다고
해보자. 그렇다면 누가 생명의 선물을 받아들이려 할 것인가?[68]

<hr />

68 에머슨은 여기서 기적을 부정하는 이신론적 입장을 취하고 있다. 이신론은 이성적
인 관점에서 신을 이해하려는 태도를 말한다. 주로 17~18세기에 프랑스와 영국에서
벌어진 자유사상 운동을 가리킨다. 이 신학 사상은 신의 계시를 부정하고 대신에 이
성의 힘을 강조한다. 이신론의 주요 주장은 신이 세상을 창조한 것은 맞지만, 그 후
계시든 기적이든 현재의 세상 돌아가는 일에는 일절 간섭하지 않으며, 따라서 예수
그리스도는 신의 아들이라고 보기 어렵다는 것이다.

그 필연은 모든 사물이 하나의 원단에서 생겨났음을 확실히 알려준다. 피고와 원고, 친구와 적, 동물과 식물, 음식과 그것을 먹는 자 등은 모두 한 종류다. 천문학은 광대한 공간을 다루지만, 그것은 결코 낯선 시스템이 아니다. 지질학에는 아주 오래된 시간이 있지만, 오늘 이 순간과 같은 법칙이다.

우리가 왜 자연을 두려워하겠는가? 자연은 다름 아닌 "철학과 신학의 결합체"가 아니겠는가? 왜 우리가 자연의 원소들로 분쇄되는 것을 두려워하겠는가? 우리가 그런 야만적 원소들로 이루어진 게 아닌가?

"아름다운 필연" 앞에 제단을 건설하자. 그 필연은 인간을 용감하게 만든다. 이미 정해진 위험은 피할 수 없고, 정해지지 않은 위험은 만날 수 없다.[69]

"아름다운 필연" 앞에 제단을 건설하자. 인간이 깨달아야 할 사실을 때로는 부드럽게, 때로는 거칠게 가르친다. 즉, 세상에 우연한 일은 없고, 우주의 법칙은 우리가 존재하는 모든 단계에서 지배하며, 그 법칙은 지성적인 것이 아니라 지성 그 자체인 것,[70] 그리고 인격적이지도 않고 몰인격적이지도 않은 그 법칙은 인간의 말을 경멸하며, 인간의 이해를 넘어선다. 그것은 사람을 녹여 자연에 생기를 불어넣으며, 마음이 순수한 자들에게 자신의 전능함을 활용하라고 요구한다.

◇◇◇◇

69   앞에 나온 페르시아 시인, 알리 벤 아바 톨레브의 시를 변주한 것이다.

70   지성은 일자에서 유출된 것으로 세계영혼 직전의 히포스타시스(*hypostasis*)이다. 역자 해제 중 "에머슨과 신비주의"를 참고하라.

개
혁
하
는　인
간

Man the Reformer

1841년 1월 25일,
기계공 도제들의 도서관 모임에서 행한 연설

모임의 회장님 그리고 회원 여러분,

나는 오늘 여러분에게 개혁하는 사람이 맺는 구체적이고 통상적인 관계에 대하여 몇 가지 생각을 말씀드리고자 합니다. 이 모임에 소속된 젊은이들은 합리적 정신에 적합한 가장 높은 수준을 목표로 삼았을 거로 생각합니다. 우리가 영위하는 생활은 사실 평범하고 진부합니다. 인간 창조 시 발휘될 수 있었던 직능과 기능은 우리 사회에서 아주 희귀한 것이 되어버렸습니다. 이제 그에 대한 기억은 옛 책들이나 희미한 전승들에서만 찾을 수 있습니다. 우리는 이제 더 이상 저 아름답고 완벽한 사람인 예언자나 시인이 아니고, 또 이런 사람들을 만나지도 못합니다. 인간을 가르치는 몇몇 원천은 거의 거론되지 않고 알려져 있지도 않습니다. 우리가 사는 공동체는 이런 말을 견디기 어려워합니다. 즉, 모든 사람이 황홀감이나 신성한 빛을 느낄 수 있어야 하며, 우리의 매일 생활은 정신적 세계와의 소통으로 더욱 고상해져야 한다는 식의 이야기 말입니다.

사정이 이렇더라도 여기 나온 청중들은, 정신세계로 가는 길을 안내하고 그 세계와 밀접하게 소통하도록 이끄는 학문이나 과정을 열심히 구해야 한다는 데 동의할 것입니다. 나는 이와 관련하여 마음에 품었던 희망을 감추지 않겠습니다. 오늘 내 연설을 듣는 여러분 각자는 모든 사악한 관습, 소심함, 한계 사항을 내던지고, 대신에 자유롭고 도움을 주는 사람, 개혁하는 사람, 남에게 혜택을 베푸는 사람이 되기를 희망합니다. 여러분이 만나게 될 많은 어려움을 그럴듯한 요령과 변명으로 모면함으로써, 이 세상을 그저 하인이나 스파이처럼 살아가는 것이 아니라, 용감하고 정의로운 사람이 되기를 희망합니다. 이 세상의 모든 탁월한 것을 향해 직선으로 내달리는 사람, 자신만 명예로운 사람으로 그치는 게 아니라 자기를 따라오는 사람들에게도 그런 혜택을 주는 사람, 이런 사람이 되겠다는 소명의식을 갖길 바랍니다.

세상 역사에서 개혁의 교리가 오늘날처럼 광범위하게 확산한 적은 없었습니다. 루터파, 헤른후트파, 예수회, 수도사들, 퀘이커, 녹스, 웨슬리, 스베덴보리, 벤담 등은 그들 사회를 비난하면서 다른 무엇을 떠받들었습니다. 가령, 교회 혹은 국가, 문학 혹은 역사, 국내

관례, 장이 서는 마을, 디너 테이블, 주조된 돈 등을 존중했습니다. 그런데 이제 이 모든 것과 그 외의 다른 것이 나팔 소리에 맞추어 심판받아야 합니다. 이제는 왕국, 도시, 법령, 의례, 소명, 남자 혹은 여자가 아니라, 기독교 법률, 상업, 학교, 농장, 실험실 등이 새로운 정신에 위협받고 있습니다.

그런데 우리의 제도들을 공격하는 이러한 반론이 극단적이고 관념적이고 개혁가의 이상론으로 흐르는 경향이 있다면 어떻게 하겠습니까? 이러한 흐름은 정신을 정반대 방향으로 밀어붙이는 오용이 과도한 수준임을 보여줍니다. 많은 오류 때문에 객관적 사실이 판타지가 되고 사람들이 비현실적으로 변하면, 학자는 피난처를 얻기 위해 아이디어의 세계로 도피하여 그 원천에서 본성을 회복하려 합니다. 그러니 아이디어가 사회 내에서 합법적인 영향력을 갖도록 해야 합니다. 삶을 공정하고 시적(詩的)인 것으로 만드십시오. 그러면 학자들은 흔쾌히 연인, 시민, 자선사업가가 될 것입니다.

구제도의 오랜 악습

오래된 국가들, 몇백 년간 지속해온 법률들, 수많은 도시의 재산과 제도들은 다른 기반 위에 세워져 있으므로 새 아이디어로 안전을 보장받지 못합니다. 개혁의 귀재에게는 모든 법 제정자, 모든 도시의 시민들 마음속으로 들어가는 비밀의 문이 있습니다. 새로운 생각과 희망이 사람들 마음속에 비춰고 있습니다. 이런 사실은 동시에 천 명의 가슴에도 새로운 빛이 찾아들고 있음을 알려줍니다.

여러분은 이런 비밀을 혼자 간직하고 싶을 겁니다. 그러나 여러분이 해외로 나가는 순간, 똑같은 얘기를 해주려고 문지방에 서 있는 사람을 봅니다. 새로운 아이디어들이 촉발한 질문을 듣는 순간, 아주 냉정하고 날카롭고 돈 버는 데 혈안이 된 사업가조차도 동요하면서 몸을 떨 텐데 그런 광경을 보면 여러분은 당황합니다. 우리는 그 사업가는 단단한 터전 위에 서 있어서 간단히 쓰러지지 않는다고 생각했기 때문입니다. 그러나 보십시오! 그는 몸을 떨며 달아납니다.

그리하여 학자는 이렇게 말합니다. "도시와 마차들도 다시는 나에게 이래라저래라 하지 못하겠지. 내가 품고 있었던 외로운 꿈이 성취를 향해 달려가는구나. 사람들이 비웃을까 봐 내 공상을 차마 발설하지 못했지. 그런데 중개상, 변호사, 시장 상인들도 모두 같은 얘기를 하는구나. 하루만 더 기다렸다가 얘기했더라면 너무 늦을 뻔했어. 보라. 스테이트 스트리트가 생각하고, 월스트리트[71]가 의심하고 그러고는 예언하기 시작했구나!"

사회의 악습에 대한 이런 전반적인 의문이 사회 내부에 생기는 것은 그리 놀랍지 않습니다. 덕스러운 젊은이들을 가로막고 있는 실제적인 장애물을 한번 생각해보십시오. 그들이 사회에 진출하면 수익 높은 일자리가 악습에 둘러싸여 있는 것을 발견합니다. 상거래 방식은 도둑질이나 다름없을 만큼 이기적이고, 사기의 경계선(그 너머로 넘어가버린 게 아니라면)을 들락날락합니다. 상업계의 일자리가 본질적으로 사람에게 부적절하거나 소질과 어울리지 않는 것은 아닙니다. 하지만 상업의 전반적인 방향이 모두 이러하므로 직무 유기와 악습으로 심각하게 왜곡되어 있습니다. 따라서 그런 악습 속에서 젊은이가 올바른 행동을 계속하려면 자신에게 있는 것보다 더 많은 정력과 자원을 사용해야 하는 문제가 생깁니다. 그는 그런 악습 속에서 길을 잃고 손과 발을 제대로 움직일 수가 없습니다.

그에게 천재성과 미덕이 있습니까? 하지만 사회에서 출세하는 데 그런 것이 부적합하다고 그는 생각하기 시작합니다. 젊은이에게 어떤 천재성과 미덕이 있더라도 어린 시절에 갖고 있었던 저 빛나는 꿈들을 희생시켜야 하기 때문입니다. 어린 시절의 기도는 잊고 대신에 기계적 절차와 비굴한 아첨의 겉옷을 입어야 합니다. 이런 방식을 유념하지 않는다면, 세상살이를 새로 다시 하는 것 외에는 아무것도 남지 않습니다. 먹을 것을 얻으려고 매번 삽질을 해야 하는 사람처럼 말입니다.

우리는 모두 이런 현상에 엮여 있습니다. 백 가지 물품을 소비하면서 위증과 사기를 먹고 마시고 입고 있습니다. 많은 상품이 들판에서 자라 우리 집까지 도착하는 과정에 대해 몇 가지 질문을 던지기만 해도 충분히 인식할 수 있는 일들입니다. 우리가 날마다 사용하는 물품 중 상당수가 서인도 제도에서 옵니다. 그런데 이 스페인령 제도에서는 정부 관리들이 돈을 밝히는 태도가 관습처럼 되었습니다. 그래서 우리 배에 실리는 물품은 부정한 방식으로 가격이 인하되었습니다.[72] 스페인령 제도에서 미국인 사업자나 지점 직원들

◇◇◇◇

72 스페인 정부 관리들에게 뇌물을 주고 수출 물량을 줄여서 대장에 기록하는 방식으로 수입 액수를 낮춤으로써 관세 혜택을 받는다는 뜻이다.

은, 영사가 아닌 한 자신이 가톨릭 신자라고 맹세를 해야 하고, 아니면 가톨릭 사제를 동원하여 대신 그것을 선언하게 합니다.

노예폐지론자의 말을 한번 들어보십시오. 우리는 남부 흑인들에게 엄청난 빚을 지고 있습니다. 쿠바 섬은 노예제의 혐오스러운 관행에 더해, 오로지 남자 노예만 사들여 농장 노동자로 쓴다고 합니다. 우리에게 설탕 제품을 제공하기 위해 이 비참한 총각 노예들은 10명 중 1명꼴로 과로사합니다. 세관 분야를 잘 아는 사람들은 우리 세관의 맹세를 잘 걸러내리라 생각합니다. 선원들을 학대하는 건은 언급하지 않겠습니다. 소매상의 관행에 대해서도 자세히 들여다보지 않겠습니다.

나는 그저 이렇게 말하는 것만으로 만족하겠습니다. 일반적인 상업 제도는—점잖은 사람들이 비난하면서 시정을 요구하는 예외적인 몇몇 극악한 사례는 논외로 하더라도— 대체로 이기적인 제도입니다. 인간 본성의 높은 감수성을 따르지 않는 제도입니다. 상호주의는 물론, 사랑과 영웅적 관대함의 정서는 더더군다나 무시합니다. 불신과 은폐, 영악함으로 남보다 한 수 더 나아가기, 베풀기는커녕 철저히 이용해먹기가 자행됩니다.

이것은 고상한 친구에게 자물쇠를 풀고 기쁘게 맞이하는 제도가 아닙니다. 사랑과 열망을 느끼면서 즐거움과 자기 인정에 빠져들게 하는 제도가 아닙니다. 그렇게 얻게 해준 수단을 감추면서 빛나는 결과만 보여주어 그런 결과를 낸 방식을 속죄하는 제도입니다. 그리고 그런 결과물을 기꺼이 소비하는 방식으로 보상하려는 제도입니다.

이기적인 사회의 부정한 방식들

나는 상인이나 제조업자를 비난하지 않습니다. 우리나라 상거래의 죄악은 어떤 개인이나 특정 계급의 문제가 아니기 때문입니다. 움켜쥐고 분배하고 먹는 일에는 모든 사람이 참여하고 모든 사람이 실토합니다. 모자를 무릎 위에 올려놓고 자발적으로 실토합니다. 그렇지만 아무도 자신에게 책임이 있다고 생각하지는 않습니다. 자신이 그런 악습을 만들어낸 게 아니므로 자기는 바꾸지 못한다고 말합니다. 이 일에서 자신은 그저 밥벌이를 해야 하는 무명의 시민일 뿐입니다.

하지만 이것이 악덕입니다. 자신을 전인(全人)이라고 생각하지 않고 인간의 한 조각이라고 생각하는 것[73] 말입니다. 그리하여 그들 마음속에 고상한 목표가 힘차게 뛰노는 것을 느끼는 사람, 그들의 자연(본성) 법칙에 따라 정직하고 소박하게 행동하는 사람들은 이런 상거래 방식이 자신에게는 맞지 않음을 깨닫고 물러납니다. 이런 사례들이 갈수록 많아지고 있습니다.

그러나 상거래에서 물러난다고 해서, 당신이 거기서 완전히 벗어난 것은 아닙니다. 사악한 뱀의 행로(行路)는 수익 높은 전문직이나 사람들의 관습에까지 뻗쳐 있습니다. 누구나 자신이 잘못한 부분

◇◇◇◇

73 에머슨은 「자연」이라는 에세이에서 이렇게 말했다. "한 가지 일만 부분적으로 할 줄 아는 사람은 선인이 아니라 부분적 인간이다. 인간은 농부, 교수, 엔지니어… 이렇게 구분되어서는 안 된다. 그는 그 모든 것을 더한 전인이 되어야 한다."

이 있습니다. 때때로 눈감아야 하고, 민첩하게 복종하고, 관행을 받아들이고, 사랑과 관대함의 정서를 멀리하고, 사적 의견과 정직성 사이에서 타협해야 한다는 것을 압니다. 상냥하고 합리적인 양심은 성공의 방해 요인이라는 사실도 압니다.

그렇습니다. 사악한 관습이 재산을 보장하는 제도에까지 스며들어 가 있습니다. 그리하여 그 재산권을 확립하고 보호하는 우리 법률은 사랑과 이성을 중시하는 것이 아니라 이기적인 태도를 존중하고 있습니다.

가령, 어떤 사람이 불운하게도 이 세상에 성인(聖人)으로 태어났다고 합시다. 그에게는 날카로운 지각 능력과 함께 동시에 양심과 천사와 같은 사랑의 마음도 있습니다. 이런 사람이 세상에서 생계를 유지해야 한다고 해봅시다. 그는 수익성 높은 사업에서 배제됩니다. 그에게는 농장도 없고 그것을 얻을 수도 없습니다. 그런 농장을 사들일 정도로 부유해지려면 돈에 엄청나게 집중해야 하기 때문입니다. 그러자면 그는 여러 해 돈 버는 일에만 몰두해야 합니다. 하지만 그는 미래의 명예 못지않게 지금 이 한 시간을 소중하고 신성하게 여기는 사람입니다. 물론 사람이 땅을 가지고 있지 않으면, 내 땅에 대한 나의 소유권, 당신 땅에 대한 당신의 소유권은 즉각 위태로워집니다.

이러한 죄악의 덩굴손은 너무나 촘촘하게 뻗어 있고 많은 일과 엮여 있어 거의 빠져나오지 못할 정도입니다. 우리는 모두 연결 관계, 아내와 자식, 혜택과 부채 등으로 그 죄악에 더욱 깊숙이 연루되어 있습니다.

신체 노동의 중요성

이런 일들을 고려하면서 많은 자선사업가와 지식인은 젊은이를 교육하는 한 방식으로 신체 노동 쪽으로 시선을 돌리고 있습니다. 과거 세대의 축적된 부가 이처럼 오염되어 있다면—그 부를 아무리 많이 우리에게 돌려준다고 하더라도— 좀 더 고상하게는 그것을 포기하는 것도 생각해보아야 합니다. 더 나아가 토지와 자연과의 일차적 관계 속으로 들어가 부정직하고 부정한 것을 멀리하면서 우리 두손을 들어 신체 노동에 직접 뛰어드는 용감한 행동을 해야 하는 것 아닌가 생각합니다.

그러면 사람들은 이렇게 말합니다. "뭐라고? 노동 분업에서 오는 엄청난 혜택을 포기하고 모든 사람이 직접 자기 구두, 서랍, 칼, 마차, 돛, 바늘을 만드는 게 어떠냐고? 그런 행동은 사회를 다시 야만으로 돌려놓고 말 거야."

지금 나는 이런 덕스러운 혁명이 즉각 가능하다고 전망하는 것이 아닙니다. 그렇지만 그런 변화가 일어난다면 고통을 느끼지 않을 것이라고 고백합니다. 그렇게 하면 일부 사치품이나 편의품은 포기해야겠지만, 인간의 일차적 의무는 농업 분야에서 더 잘 완수되리라는 믿음에서 농업을 선택했다면 그런 사치품을 포기할 수 있다고 봅니다.

젊은 사람들의 직업 선택에서 높은 양심과 순수한 취향이 반영되어 합리적인 효과를 내고, 상업, 법률, 행정 분야에서 경쟁 강도가 약화된다면, 누가 그것을 후회하겠습니까? 그에 따르는 불편함은 잠깐이면 지나가는 문제입니다. 이것은 위대한 행동이 될 것이고 언제나 사람들의 눈을 열어줄 것입니다. 많은 사람이 이렇게 행동하고, 대다수 사람이 기존 기관을 개혁해야 한다고 생각한다면, 그들의 악습은 시정될 것입니다. 그리하여 분업에서 나오는 혜택이 다시 생겨나고, 우리는 아무런 타협 없이 자신의 특별한 재능에 걸맞은 직업을 선택할 수 있을 것입니다.[74]

그리하여 나는 이 시대의 모든 구성원이 신체 노동 사상을 공유해야 한다고 강조합니다. 하지만 그 외에도 개인이 신체 노동을 해야 하는 적절한 이유가 있습니다. 신체 노동은 결코 사라지지 않는 관행이고 누구에게나 혜택을 줍니다. 사람은 문화를 가꾸기 위해 농장이나 손재주가 있어야 합니다. 두 손으로 하는 일에서 더 높은 성취감을 느끼고, 시와 철학을 세심하게 즐길 줄 알아야 합니다. 우리는 다양한 정신적 능력을 개발하여 이 거친 세상을 맞상대해야 합니다. 그렇게 하지 않으면 그런 능력이 생기지 않습니다. 말하자면, 신체 노동은 이러한 외부 세계를 연구하는 것입니다. 부의 혜택[75]은 그 부를 획득하는 사람에게 그대로 남아 있고, 후계자에게는 돌아가지 않습니다.

삽을 들고 정원으로 가서 땅을 팔 때, 나는 엄청난 기쁨과 건강을 느낍니다. 그래서 그동안 내가 마땅히 해야 할 일을 남에게 시키면서 자신에게서 노동의 즐거움을 빼앗아왔음을 깨닫습니다. 이처

◇◇◇◇

74 이 강연은 브룩 팜(Brook Farm) 공동체가 설립된 지 몇 달 후에 이루어진 것이다. 브룩 팜에 대해서는 역자 해제 중 "초월주의 운동"을 참고하라.

75 신체 노동을 할 때의 정신적 행복을 이런 식으로 비유적으로 묘사하고 있다.

럼 신체 노동에는 건강 증진뿐만 아니라 교육의 요소도 함께 들어 있습니다. 나는 석 달에 한 번 존 스미스 상사 앞으로 수표를 끊어줌으로써 설탕, 맷돌로 간 옥수수, 목면, 양동이, 오지그릇 그리고 편지지를 배달받습니다. 하지만 이렇게 한다고 해서, 그런 물품을 직접 만드는 노동을 하면서 자연적인 수준으로 신체 기능을 활성화할 수 있겠습니까? 아닙니다. 그것은 존 스미스, 운송업자, 거래상, 제조업자, 선원들, 가죽을 무두질하는 사람, 푸주한, 흑인, 사냥꾼, 사탕수수에서 설탕을 뽑아내고 면화에서 목면을 만들어내는 농장주에게나 해당하는 일입니다.

이런 사람들은 교육을 얻었지만, 나는 상품을 얻었을 뿐입니다. 하지만 자기 일을 하느라 그들처럼 노동을 할 수 없었다면 그런대로 용납할 만한 일입니다. 내 손과 발은 확실히 사용했으니까요. 그러나 나는 이 몸을 대신하여 장작 패는 사람, 밭 가는 사람, 요리하는 사람 앞에서 부끄러움을 느낍니다. 그들은 자급자족하는 사람들입니다. 그들은 내 도움이 없어도 하루하루를 충실히 운영할 수 있습니다. 그러나 나는 그들에게 의존해야 하고 나의 팔과 다리를 제대로 사용하지 않아 그런 신체 기관을 소유할 권리를 충분히 얻지 못했습니다.

자기 손으로 모으지 않은 재산의 부작용

그러면 이제 재산의 첫 번째 소유주와 두 번째 소유주의 차이점을 살펴보기로 합시다. 녹이 쇠를 먹어들어가듯, 재산은 적들에게 희생 제물이 됩니다. 나무는 부패하고, 옷은 좀이 습니다. 식량에는 곰 팡이, 부패, 해충이 꾑니다. 과수원에는 벌레가 많고 씨앗을 심은 들 판은 잡초가 자라고 소 떼가 지나갑니다. 소 떼는 배고픔에 시달립 니다. 다리는 갑자기 불어난 물에 범람합니다.

이런 물품들을 재산으로 소유하는 사람은 그것을 적들로부터 지키거나 끊임없이 보수해야 합니다. 필요한 물품을 스스로 공급할 수 있는 사람, 천렵을 가는 데 필요한 뗏목이나 보트를 만들 수 있는 사람은 보트의 틈새를 메우거나 노걸이를 만들거나 키 수리를 직접 할 수 있습니다. 필요 시 즉시 얻을 수 있는 물건은 그를 당황하게 하지 않고, 혹시 부족하지 않을까 봐 신경 쓰느라 밤잠을 빼앗기지 도 않습니다.

그러나 그가 여러 해에 걸쳐 수집해 온 이런 물품들—집, 과수 원, 경작된 토지, 소 떼, 다리, 철물, 목기, 카펫, 의상, 식량, 책, 돈— 을 한 번에 아들에게 물려준다고 해봅시다. 그런데 아들에게는 그런 물품을 만들거나 수집하는 데 필요한 기술과 경험, 그런 물품이 인 생에 들어오게 된 방법과 생활에서 차지하는 위치 등에 대해 제대로 전달하지 못했습니다. 그는 이런 것을 제대로 응용해보지 못한 상태 에서, 그것을 돌보고 적들로부터 보호해야 합니다. 아들에게 그 물품 은 수단이 아니라 주인 행세를 하기 시작합니다. 아들은 갑자기 두 손에 온갖 일이 가득해진 것을 느낍니다.

적들은 잠시도 쉬지 않고 그를 공격해옵니다. 녹, 곰팡이, 해충, 비, 햇볕, 갑자기 불어난 물, 불 등이 저마다 공격해오면서 아들을 화 나게 할 것입니다. 이제 그는 주인 신분에서, 이런 오래되거나 새로 운 가재들을 감시하는 사람 혹은 감시견 같은 존재가 됩니다.

이 얼마나 놀라운 변화입니까!

아버지가 가졌을 법한 강인하고 경험 많은 손, 날카롭게 꿰뚫어 보는 지혜로운 눈, 유연한 신체, 힘차게 뛰노는 심장, 이런 것은 아직 그에게는 없습니다. 주인다운 상쾌한 유머, 자기 힘과 풍부한 재능에 대한 자신감도 없습니다. 자연은 그 아버지를 사랑하고 두려워했습니다. 눈과 비, 물과 땅, 짐승과 물고기가 모두 그것을 알고 복종해왔습니다.

반면에 아들은 남에게 보호를 받아야 하는 시시한 사람입니다. 벽과 커튼, 난로와 오리털 침대, 마차, 남자 하인, 여자 하인 등으로 보호받고 있고 땅과 하늘로부터 격리되어 있습니다. 이런 것에 의존하면서 성장했기에 아들은 이런 재산을 잃어버리게 될까 봐 노심초사하면서 이를 보호하는 데 많은 시간을 사용합니다. 그리하여 원래 목적, 즉 아들이 염두에 둔 목적에 대해선 잊어버렸습니다. 원래 목적이 무엇이었습니까? 사랑을 실행하는 것, 친구를 돕는 것, 하나님을 경배하는 것, 지식을 넓히는 것, 국가에 봉사하는 것, 자기감정에 충실하는 것 등이 아니겠습니까? 하지만 아들은 자기 재산을 지키는 하인이나 앞잡이가 되어버렸습니다.

이 때문에 역사의 관심은 온통 가난한 사람들의 운명에 있는 것입니다. 인간은 자신의 필요를 상대로 승리하여 지식, 미덕, 힘을 얻었고, 세상을 지배하고자 나아갔습니다. 모든 사람은 이런 기회를 놓치지 말고 자신을 위해 세상을 정복해야 합니다. 궁핍의 심연에 과감히 맞서 재치와 힘으로 위기에서 빠져나오고 인간에게 승리를 가져다주는 사람, 가령 스파르타인, 로마인, 사라센인, 영국인, 미국인 같은 사람들이 우리 관심을 끕니다.

노동은 하나님의 교육

나는 이 노동의 원칙에 대해 지나칠 정도로 강조하고 싶지는 않습니다. 또 모든 사람에게 사전 편찬자가 되라고 할 수 없는 것처럼, 모든 사람이 농부가 되어야 한다고 고집하는 것도 아닙니다. 일반적으로 말해, 농부는 가장 오래되고 가장 보편적인 직업입니다. 어떤 마음에 드는 특별한 직업을 아직 발견하지 못했다면 이것이 훨씬 선호할 만합니다.

농장의 원리는 이런 것입니다. 모든 사람이 이 세상 일과 관련하여 일차적 관계를 맺어야 합니다. 자신이 직접 그 일을 해야 합니다. 호주머니에 두둑한 지갑이 있다고 해서 또는 불명예스럽거나 해로운 직업에 적합한 환경 속에서 성장했다고 해서, 이런 의무로부터 자유로울 수는 없습니다. 이런 이유로 노동은 하나님의 교육입니다. 성실한 학습자여야만 진정한 주인이 될 수 있는 것입니다. 노동의 비밀을 깨우치고 자신의 총명함을 발휘하여 자연에게서 왕홀(王笏)[76]을 빼앗는 사람만이 진정한 주인입니다.

그렇다고 해서 나는 전문직, 시인, 사제, 법률가, 학자 들의 호소에 귀를 닫고 싶지는 않습니다. 가족의 생계를 유지하는 데 필요한 엄청난 노동은 그들의 지적 활동과 어울리지 않고 도움이 되지도 않습니다. 시와 철학에 적합한 기질을 지닌 사람은 자기 생각에 집중

◇◇◇◇
76 국왕이 왕권의 상징으로 손에 쥐고 있는 지팡이. 여기서는 주인의 표시라는 뜻으로 사용되었다.

해야 할 때가 많습니다. 그들은 어떤 생각 하나를 드높이고 영광스러운 것으로 만들기 위해 몇 날 며칠을 허송하기도 합니다. 그런 만큼 이런 사람들은 농부나 대장장이처럼 힘든 일을 하기보다는 들판 산책하기, 노 젓기, 스케이트 타기, 사냥하기 등을 하는 것이 더 좋을 겁니다.

나는 이집트 신비주의자들의 현명한 조언을 잘 기억하고 있습니다. "사람에게는 두 눈이 두 쌍 있다. 아래에 있는 한 쌍이 닫힐 때는, 위에 있는 한 쌍이 주위를 지각한다. 위에 있는 한 쌍이 닫힐 때면 아래에 있는 한 쌍이 눈을 뜬다."

우리가 노동에서 분리된다면, 사물을 살피는 사람은 어느 정도 힘과 진리를 빼앗길 수밖에 없습니다. 우리 문학과 철학에 있는 결점과 악행, 가령 너무 세련되고 유약하고, 우울한 것 등은 문인들의 나약하고 병든 습관 때문이라고 믿어 의심치 않습니다. 책은 내용이 그처럼 좋지 않아도 될 것입니다. 또한 저자는 그 책보다 더 유능하거나 선량한 사람이 되지 않아도 좋습니다. 왜냐고요? 그렇게 해야 실제 행동이 그가 써낸 책의 내용과 극명한 대조를 이루어 우스꽝스러운 사람이 되는 것을 막아주기 때문입니다.

노동의 결핍에 대한 우주의 보상

그처럼 신성하고 소중한 목적을 위하여 어느 정도 예외를 인정하더라도 나는 이렇게 생각합니다. 만약 어떤 사람이 시, 예술, 명상적 생활에 강한 매력을 느껴 농사를 제대로 지을 수 없을 정도로 그런 생활에 몰두한다면, 그는 스스로 결심해야 합니다. 우주의 보상을 중시하는 그는, 자신의 습관에 엄격한 고행을 더하고 박탈을 허락함으로써 경제적 활동을 위한 의무를 면제받은 데 대하여 보상해야 합니다. 이처럼 희귀하고 장엄한 특혜를 받았으므로, 그는 엄청난 세금을 기꺼이 내야 합니다.

그는 수도사나 거지가 되어야 하고 필요하다면 독신으로 살아야 합니다. 그는 서서 식사하는 법을 배워야 하고, 맹물과 검은 빵으로 배를 채우더라도 만족해야 합니다. 주택 유지에 필요한 값비싼 편의 시설, 대규모 손님 접대, 예술작품 소유 등을 남에게 양보해야 합니다.

천재란 남을 환대하는 사람이고, 예술작품을 만든 사람이 그것을 소유하지 못할 수도 있음을 알아야 합니다. 그는 작은 방에서 살아야 하고 자기 만족을 뒤로 미뤄야 하고, 천재들에게 닥쳐오는 빈번한 불운에 대해 미리 경고받고 또 거기에 대비해야 합니다. 사치를 맛보는 일은 포기해야 합니다. 이것이 천재의 비극입니다. 천상의 말 하나와 지상의 말 하나를 가지고 황도를 달려가려 하는 천재. 그에게는 불화가 있을 뿐이며 마차와 마부에게는 파멸과 추락이 있을 뿐입니다.[77]

◇◇◇◇

77 이 부분은 그리스 신화의 파에톤 에피소드를 연상시킨다. 아폴로의 아들 파에톤은 아버지의 태양 수레를 타게 해달라고 요청했다. 아폴로는 아들에게 소원을 한 가지 들어준다고 이미 말했으므로, 내키지 않았으나 어쩔 수 없이 태양 수레를 타고 하늘을 도는 것을 허락했다. 그러나 마부가 졸렬한 사람임을 알아본 천마들은 제멋대로 하늘을 달려서 온 산과 바다가 불붙게 되고, 마침내 제우스가 등장하여 천마를 중지시키고 파에톤은 땅에 추락해 죽었다.

모든 사람이 스스로 맹세하고, 잘못된 사회 제도들에 대해 문제를 제기하며, 그런 제도가 자신에게 맞는지 점검해야 합니다. 우리의 생활방식을 돌아본다면 그런 의무감이 더욱 강조됩니다. 우리의 살림살이는 신성하고 명예롭습니까? 그것은 우리에게 영감을 주어 자신의 존재감을 드높입니까 아니면 우리를 절뚝거리게 합니까? 나는 집 안의 모든 부분과 기능, 사회적 활동, 가정 경제, 손님 접대, 투표, 거래 등에 단단히 대비되어 있어야 합니다.

하지만 나는 이런 일에 거의 가담하지 않습니다. 사회 관습이 대행해주기에 나는 그로부터 아무런 힘을 얻지 못하고, 게다가 빚까지 집니다. 우리는 페인트와 종이 그리고 그 밖의 사소한 많은 것에 돈을 지출하지만, 정작 인간의 일에는 돈을 내지 않습니다. 우리 비용은 거의 관습에 순응하는 데 필요한 것입니다. 우리는 케이크 때문에 빚을 지지만, 그리 큰 돈이 들지 않는 지성, 온정, 아름다움, 예배에는 관심을 보이지 않습니다.

사람은 왜 부자가 되려 합니까? 왜 사람은 말, 멋진 옷, 훌륭한 집, 공공장소나 오락장에 접근하고 싶어 합니까? 단지 생각이 부족하기 때문입니다. 그의 마음에 새 이미지를 주십시오. 그러면 그는 한적한 정원이나 다락방으로 가서 그것을 즐길 수 있고, 땅을 가진 사람보다, 그 꿈 덕분에 더 부자가 될 것입니다.

하지만 우리에게는 생각이 없고 그다음에는 돈이 없습니다. 우리는 다들 감각적인 사람이므로 먼저 부자가 되어야 한다고 생각합니다. 우리의 정신 수준은 자기 집을 친구들에게 유쾌한 장소로 자신 있게 공개하지 못합니다. 그래서 우리는 아이스크림을 사들여 친구를 접대합니다. 친구는 카펫에 익숙한 사람인지라 그가 집을 찾아오면 소심해져서 바닥에 깔린 남루한 천 장식을 자꾸 의식합니다. 그래서 그 반작용으로 바닥에 천 말고 카펫을 깝니다. 차라리 당신의 집을 라케다이몬의 분노의 신들[78]이 모인 신전이 되게 하십시오. 그리하여 모든 사람에게 거룩하면서도 무서운 집이 되게 하십시오. 오로지 스파르타 사람만이 그 안으로 들어올 수 있거나 아니면 밖에서 구경할 수 있게 하십시오.

믿음 있고 마음에 맞는 사람들이 모였다면, 사탕과 방석은 노예들에게나 나눠 주십시오. 각종 비용은 창의적이고 영웅적인 방식으로 사용될 것입니다. 우리는 거친 음식을 먹고 거친 침대에 누울 것이며, 고대 로마인들처럼 비좁은 집에서 살 것입니다. 그렇지만 우리의 공공건물은 로마의 그것과 마찬가지로, 건물의 주변 경관과 어울리는 장엄한 것이 될 것입니다. 우리는 그 건물에서 예술과 음악을 얘기하고 또 예배를 올릴 것입니다. 우리는 위대한 목적을 위해서는 기꺼이 부자가 되겠으나, 이기적 목적을 위해서는 가난한 자가 될 것입니다.

그렇다면 이런 이기적인 사악함은 어떻게 해야 합니까? 오로지 한 가지 기술만 배운 사람이 인생의 모든 편리한 물품들을 어떻게 정직한 방식으로 얻을 수 있겠습니까? 어쩌면 두 손을 부지런히 놀려 얻을 수 있을지도 모릅니다. 그가 그런 물품들을 모으기는 했지만 잘 사용하지 못한다면요? 그러면 아마도 거기서 어떤 교훈들을

---

78 라케다이몬은 스파르타의 옛 이름이다. "분노의 신들"의 원어는 Furies인데 이는 그리스 신화에서 세 자매로 구성된 복수의 여신을 가리킨다. 자매는 머리카락이 뱀이어서 아주 무서운 존재였다. 여기서는 고상하고 근엄한 스파르타인의 이미지로 사용되었다.

배울 겁니다. 만약 그가 그런 물품들을 얻지 못했다면? 그러면 그것 없이도 살아갈 수 있을 겁니다. 이런 생각에는 엄청난 지혜와 부가 들어 있습니다. 아주 비싼 값을 치르고 그것을 얻기보다는 아예 그것 없이 사는 게 더 좋습니다.

우리는 경제(절약)의 의미를 배워야 합니다. 경제는 그 목적이 장엄할 때—가령 소박한 취향을 신중하게 만족시키거나 자유, 사랑, 헌신을 위하여 그것을 실천할 때—에는 고상하고 인간적인 기능이요 성사(聖事)입니다. 우리가 가정에서 목격하는 경제는 대부분 비천한 근원에서 오는 것이므로 눈에 띄지 않는 곳에 두는 게 가장 좋습니다. 내가 오늘 먹은 튀긴 옥수수, 일요일 저녁 식사로 튀긴 치킨과 함께 먹을 수도 있는 옥수수는 비천합니다. 그러나 그 튀긴 옥수수가 근심 걱정 없고 마음의 소리에 유순하게 귀 기울이며, 지식 혹은 선의로써 가장 낮은 임무를 수행할 준비가 되어 있는 방 한 칸의 집에 함께 놓는다면, 그것은 신들과 영웅들을 위한 검소한 식사가 됩니다.[79]

◇◇◇◇

79 이 부분은 그리스 신화 필레몬과 바우키스의 고사에서 영감을 받은 것이다. 유피테르는 인간의 모습을 하고 아들인 메르쿠리우스 전령신을 데리고 지상에 나타났다. 두 신은 숙식을 얻기 위해 일천 군데의 집을 찾아갔으나 가는 곳마다 문전박대를 당했다. 하지만 딱 한 집에서 그들을 받아들였다. 볏짚과 갈대로 이엉을 두른 자그마한 집이었으나 집 안의 분위기는 경건했다. 나이든 여자인 바우키스와 역시 나이든 노인 필레몬은 젊은 시절에 서로 만나 그 나이가 되도록 그 집에서 함께 살았다. 그들은 자신들의 집이 가난하다는 것을 인정하고 그 가난을 인내하는 마음으로 참아내면서 그 고통을 덜어냈다. 부부는 소찬이나마 유피테르 신에게 정성껏 봉사했다. 이 구절에서 에머슨은 비록 남루한 집의 옥수수 가루 음식이라도 경건한 분위기가 있으면 그것이 신들과 영웅의 음식이 된다는 뜻으로 필레몬과 바우키스의 고사를 암시하고 있다.

자기 스스로 돕는 것이 중요하다

우리는 자기 스스로 돕는 자조(自助)의 교훈을 배울 수는 없을까요? 사회에는 가난한 사람이 많고 그들은 누군가가 자기를 찾아와 도와주길 계속 바랍니다. 그들은 어디에서나 자신의 안락을 위해 모든 사치 수단을 다 이용하려고 애씁니다. 그들은 심지어 우리의 발명이 아직 따라가지 못하는 사치품까지도 원합니다. 소파, 오토만 장의자, 난로, 와인, 싸움닭, 향료, 향수, 말타기, 극장, 각종 오락…. 그들은 이 모든 것을 원합니다. 그리고 가능하다면 그 이상의 것도 동경합니다. 그것을 일종의 양식으로 여기면서 그것이 없으면 굶어 죽는 것처럼 말합니다. 이런 것 중 어느 하나라도 못 얻으면, 지구상에서 가장 학대받고 비참한 사람이라도 되는 것처럼 말합니다. 그들의 고상한 위장에 알맞은 식사 준비법을 배우려면 그들과 함께 태어나서 함께 성장해야 했을 것입니다.

하지만 그들은 다른 사람에게 봉사할 생각은 조금도 하지 않습니다. 그런 걸 하려고 태어난 사람이 아니라는 겁니다! 그런 것 말고도 할 일은 얼마든지 있다는 것입니다. 그러면서도 자기 삶이 얼마나 초라한지를 깨닫지 못합니다. 부담스러운 존재가 되어갈수록 그들은 더욱 날카로운 어조로 소망과 불평을 늘어놓습니다.

바라는 것이 별로 없고 자기 필요는 자기가 알아서 충족하게 하는 것처럼 우아한 일이 또 어디 있을까요? 그렇게 해서 사납게 움켜쥐려고 하지 않고 대신에 남에게 뭔가를 남겨준다면 그것이야말로 우아한 일이 아닐까요? 남에게서 거창하게 대접받는 것보다는 자기 필요를 스스로 해결하는 것이 더 우아합니다. 오늘날의 관점에서, 또 소수의 사람에게는 이것이 우아하지 않을지도 모릅니다. 하지만 이 것은 지속하는 우아함입니다.

나는 개혁의 문제와 관련하여 어리석은 소리를 하거나 현학적 인 얘기를 늘어놓고 싶지 않습니다. 내 주위에서 벌어지는 현 사태 에 너무 극단적인 비판을 가하면서 자살하고 싶도록 부추기고 싶지 않으며, 사회의 혜택에서 완전히 단절되고 싶지도 않습니다. 만약 우 리가 두 발로 우뚝 서서 이렇게 말한다고 해봅시다. "나는 부정직한 방식으로 만들어진 음식이나 옷감은 먹지도 마시지도 입지도 만지 지도 않겠다. 나는 오로지 정직하고 합리적인 삶을 살아가는 사람하 고만 거래하겠다." 그러면 우리는 그 자리에 계속 서 있어야 할 것입 니다. 누가 그렇게 살아갈 수 있겠습니까? 나도 아니고, 당신도 아닙 니다. 누구도 그렇게 할 수 없습니다.

그렇지만 우리는 스스로 이렇게 물어야 합니다. "오늘 공공의 이익을 위하여 내 힘을 기꺼이 소진해가면서 밥벌이를 했는가?" 우 리는 날마다 바른 돌을 하나씩 놓아가면서 너무나 노골적인 잘못이 발견되면 기꺼이 시정하려는 노력을 계속해 나가야 합니다.

개혁가는 진리를 회복시키는 사람

오늘날 우리 사회를 동요하게 만드는 생각은 일상적인 일, 가정, 재산 제도보다 더 넓은 범위에서 움직입니다. 우리는 사회 구조의 전반적인 것들, 국가, 학교, 종교, 결혼, 거래, 학문 등을 수정하려 하고, 또 우리 본성으로 그 기초를 탐구하려 합니다. 이 세상에 우리보다 앞서 사람이 살았기에 우리도 살아갈 수 있습니다. 다만, 자기 마음속에 뿌리내리지 않은 모든 관행을 제거하려고 노력해야 합니다.

사람은 개혁가가 되기 위하여 또 인간이 이미 만들어놓은 것을 다시 만들려고 태어난 것 아니겠습니까? 거짓말을 내다버리는 사람, 진리와 선을 회복시키는 사람, 우리 마음속에 들어와 있는 저 위대한 자연을 모방하는 사람이 되어야 하지 않겠습니까? 자연은 이미 지나가버린 과거 속에서 잠자는 것이 아니라, 매시간 자신을 새롭게 수리하면서 우리에게 매일 아침 새 날을 제공하고, 그 신선한 맥동으로 우리에게 새로운 생명을 줍니다.

인간은 자신이 볼 때 진실하지 않은 것은 모두 내버려야 합니다. 원초적 생각, 자기 이성에 비추었을 때 온 세상이 지지하지 않는 관습이 있다면 아예 하지 말아야 합니다. 이렇게 해서 불편함이나 소위 패망이 온다고 해도 그것은 죽어가는 향기가 가라앉으며 풍기는 냄새에 불과합니다. 삶의 성스럽고 신비한 공간에 일상적 행동을 다시 위치시키려 한다면, 그런 불편쯤은 참아야 합니다.

개혁의 노력에서 스프링의 역할과 기준 역할을 하는 힘은 무엇일까요? 인간 내부에는 무한한 가치가 있다고 생각하는 확신에서 그런 힘이 나옵니다. 얼마나 가치 있는가에 따라 그 힘이 생기고, 모든 구체적 개혁안은 결국 그런 가치를 가로막는 장애물을 제거하는 데 있습니다. 인간을 존귀하게 여기는 것이 우리의 가장 높은 의무가 아니겠습니까?

나는 어떤 사람이 땅 부자라고 해서 내 앞에서 부자 행세를 하는 것을 절대 허용하지 않겠습니다. 나는 그에게 이런 느낌을 안겨

주겠습니다. 나는 당신의 부가 없이도 얼마든지 살아갈 수 있습니다. 위로든 자부심이든 그 어떤 것으로도 나는 매수되지 않습니다. 비록 나는 땡전 한 푼 없고 당신에게서 빵을 받아먹을지라도, 당신은 내 옆에 서면 가난한 사람입니다. 그리고 동시에 나는 어떤 여성이나 아이가 경건한 감정을 찾아내거나 나보다 더 정의로운 생활방식을 알고 있다면, 존경과 복종으로써 그것을 인정할 것입니다. 그렇게 하면 내 생활방식이 통째로 바뀔지라도 말입니다.

미국인에게는 많은 미덕이 있지만, 신앙과 희망이 없습니다. 이 두 단어를 잊어버리고 사는 것처럼 보입니다. 우리는 이 두 단어가 셀라나 아멘[80]처럼 폐어인 양 사용합니다. 하지만 신앙과 희망에는 가장 폭넓은 의미가 있으며 1841년 지금의 보스턴에 가장 잘 적용되는 말들입니다.

미국인들은 신앙이 거의 없습니다. 그들은 달러의 위력을 믿으며 살아갑니다. 그들은 인간의 고귀한 정서에도 귀가 멀었습니다. 그들은 모임을 조직하듯이 북풍(北風)도 마음대로 불러올 수 있다고 생각합니다. 학자와 지식인 계급처럼 신앙심 없는 집단도 드물 것입니다. 나는 성실한 현인, 시인, 양심적인 젊은이 들과 대화를 나누기도 하는데, 그들은 아직 자신의 날것 그대로의 생각대로 살아가며, 사회 구성원들을 관습의 쳇바퀴로 끌어들이는 사회의 마구(馬具)에 끌려가 있지 않습니다. 이런 사람들을 보고 있노라면 나는 즉각 비신자들의 세대가 얼마나 허약한지 그리고 그들의 제도가 얼마나 사상누

◇◇◇◇

80 셀라는 구약성경 시편에서 신을 찬미하는 노래를 부른 후에 끝을 알리는 말이고, 아멘은 기도한 후에 끝을 알리는 말이다.

각인지를 알 수 있습니다. 또 용감한 사람이 무엇을 할 수 있고, 실천에 옮긴 위대한 하나의 생각이 어떤 효과를 가져오는지 볼 수 있습니다.

우리가 실리적인 사람을 불신하는 이유는 믿음을 가진 사람에게 주어진 수단을 그가 모르기 때문입니다. 그는 우리를 향해 이렇게 말합니다. "당신은 무슨 도구를 가지고 이 세상을 짓겠다는 것이냐?"

최고급 목수나 엔지니어의 도구, 화학자들의 실험실, 대장장이의 용광로를 갖추었더라도 우리는 공기, 강, 숲을 갖춘 지구를 만들어내진 못합니다. 마찬가지로 우리가 아는 바 어리석고, 병들고, 이기적인 남녀로는 천상의 사회를 만들 수 없습니다.

원칙과 열망

그러나 믿음 있는 사람들은 천상의 사회가 가능하다고 생각할 뿐만 아니라 이미 존재하기 시작했다고 믿습니다. 정치가가 사용하는 사람이나 물질이 아니라, 원칙의 힘으로 자신을 뛰어넘어 변화를 경험한 사람들과 함께 그런 사회를 짓는 것입니다. 그들이 믿는 원칙은 편의를 숭상하는 분위기를 초월합니다.

세상 역사에서 위대하고 감동적인 순간은 어떤 열망이 빚어낸 승리의 순간입니다. 마호메트 이후 아랍인이 거둔 승리가 그러합니다. 그들은 작고 한미한 마을에서 시작했으나 몇 년 사이에 로마보다 더 큰 제국을 형성했습니다. 그들은 자신들이 무엇을 이루었는지도 잘 알지 못했습니다. 아이디어라는 말에 올라탄 알몸의 이슬람 전사는 로마 기병대[81]보다 더 강력한 것으로 드러났습니다. 그들의 여자들은 남자처럼 싸우면서 로마인을 정복했습니다. 그들의 장비나 식사는 한심했습니다. 그들은 절제하는 부대였습니다. 그들에게는 술도 여자도 필요하지 않았습니다. 그들은 보리 빵을 먹으면서 아시아, 아프리카, 스페인을 정복했습니다.

칼리프 오마르의 산보용 지팡이는 다른 군주가 찬 칼보다 더 무서운 공포를 안겼습니다. 그의 식사는 보리 빵이었고 반찬은 소금이었습니다. 때때로 절제하고자 소금 없는 빵을 먹기도 했습니다. 그의 음료는 물이었고, 왕궁은 진흙으로 지어졌습니다. 메디나를 떠나 예루살렘을 정복하러 갈 때 그는 붉은 낙타를 타고 갔습니다. 안장에는 나무 접시, 한 병의 물 그리고 두 개의 자루가 달려 있었습니다. 한 자루에는 보리가, 나머지 자루에는 말린 과일들이 있었습니다.

그렇지만 우리의 정치, 우리의 생활방식에도 새벽이 찾아올 것입니다. 아랍인의 신앙보다 더 고상한 아침이 사랑의 정서와 함께 우리에게 올 것입니다. 사랑은 모든 해악에 대한 치료제이며, 자연의 만병통치약입니다. 우리는 사랑하는 사람이 되어야 합니다. 그러면 불가능한 것이 즉시 가능해집니다. 수천 년의 세월이 흘렀지만, 우리의 시대와 역사는 자비심의 역사가 아니라 이기심의 역사였습니다. 우리의 불신은 아주 값비싼 것입니다. 법정과 감옥에 소비하는 돈은 아주 잘못 사용되는 돈입니다. 우리는 불신으로 인해 도둑, 강도, 방

◇◇◇◇

81 여기서 말하는 로마는 동로마 제국을 가리킨다.

화범을 만들어내고, 법정과 감옥으로 계속 그런 상태로 묶어둡니다.

만약 기독교 세계 전역에 한 계절만이라도 사랑의 감정을 널리 퍼뜨릴 수만 있다면 중죄인과 범법자들은 눈물을 흘리며 돌아올 것이고, 우리 일을 돕기 위해 자기 재능을 헌신적으로 기부할 것입니다. 저 많은 노동하는 남녀를 보십시오. 우리는 그들의 봉사를 받으면서도 그들과는 떨어져 살고, 길거리에서 만나도 인사조차 하지 않습니다. 우리는 그들의 재능을 환영하지 않고, 그들의 행운을 기뻐하지도 않습니다. 희망을 북돋아주지도 않고, 그들에게 소중한 것에 투표하지도 않습니다. 그리하여 우리는 세상 기반에서 이기적인 귀족과 왕 노릇을 하는 것입니다.

보십시오. 이 나무는 언제나 하나의 독과(毒果)를 맺습니다. 모든 가정에서 부부의 평화는 악의, 교활함, 태만, 가정부의 소외 등으로 독이 묻습니다. 두 명의 기혼 부인이 만났다고 합시다. 그들의 대화는 곧 소위 가정부 때문에 겪는 골칫거리로 옮겨갑니다. 노동자의 무리 속에 들어가면 부자는 자신이 친구들 모임에 있다고 느끼지 못합니다. 투표소에서 부자는 그들이 자신과 정반대 입장임을 확인합니다.

우리는 대중의 정치를 배후에서 기획하는 사람들이 있다고 불평하며, 또 그들이 명백한 정의와 공동의 복지보다는 자기의 이해관계만 추구한다고 지적합니다. 그렇지만 사람들은 무식하거나 비천한 자들이 자신을 대표하거나 그들에게 다스림받는 것을 원하지 않습니다. 자비를 가장한 목소리에 넘어갔기 때문에 그런 자들에게 투표하는 것입니다. 하지만 오랫동안 그런 사람들에게 투표하지는 않을 것입니다. 이집트식 은유를 사용한다면, "맹수의 발톱을 일으켜

세우고 신성한 새들의 머리를 짓누르는 것"이 그들의 장기적인 의도
는 아닙니다.

사랑은 개혁하는 힘

우리의 애정이 이웃 동료들에게 흘러가게 합시다. 그것은 단 하
루 만에라도 가장 위대한 혁명을 성취할 것입니다. 바람[風]보다는
태양이 만든 제도 위에서 일하는 것이 더 좋습니다. 국가는 가난한
사람을 배려해야 하고 모든 목소리는 그를 대변해야 합니다. 지상
에 태어나는 모든 아이가 스스로 자기 빵을 벌 수 있도록 공정한 기
회가 주어져야 합니다. 우리의 재산 관련법은 가난한 자를 쥐어짜
는 것이 아니라 부자가 양보하는 것에서 출발해야 합니다. 우선 평
소 나눠 주기로부터 시작합시다. 공평한 법칙이라 함은 아무도 자기
몫 이상을 가져가지 않고, 그리하여 그가 늘 부자라고 느끼게 하는
것입니다. 내가 사랑받는 사람이라고 느끼게 합시다. 세상이 내게 잘
대해주는 것이 고마워서 보상적 행동을 하도록 합시다.

사랑은 이 피곤하고 오래된 세상을 다른 눈으로 보게 할 것입니
다. 우리는 너무 오랫동안 이교도와 적대적으로 살아왔습니다. 정치
가들의 헛된 외교술, 육해군과 방어선의 무능함 등이 무장하지 않은
아이로 신속히 대체되는 모습을 보면 가슴이 따뜻해집니다. 사랑은
헛된 외교술이 갈 수 없는 곳까지 깊숙이 침투하여 아주 은밀한 방
식으로 무력이 성취할 수 없는 것을 달성합니다. 이것이 사랑의 지
렛대, 도약대, 발전소입니다.

당신은 보지 못했습니까? 어느 가을날의 느지막한 오전, 숲속에서 꿈틀거리는 가녀린 곰팡이 혹은 버섯을? 단단함이라고는 전혀 없는 식물, 너무 부드러워 걸쭉하고 흐물흐물하게 보이는 것. 그것이 총력을 다해 믿기 어려울 만큼 꾸준히 밀고 올라와서 마침내 서리 내린 땅을 뚫고 나와, 사실상 그 머리로 단단한 지표(地表)를 들어 올리는 것입니다.

이것이 부드러운 친절함의 힘을 보여주는 상징입니다. 인간 사회, 커다란 이해관계가 있는 곳에 이런 원칙을 적용하는 미덕은 이제 사라졌거나 잊혔습니다. 역사에서 한두 번 아주 탁월한 사례가 발생하여 획기적인 성공을 거두었습니다. 이 거대하고 웃자라고 죽어버린 기독교 세계는 아직도 인류를 사랑한 사람의 이름[82]을 생생하게 간직하고 있습니다. 그러나 언젠가 모든 사람이 사랑하는 사람이 될 것입니다. 그리하여 모든 재앙은 보편적 햇볕 속에서 녹아버릴 것입니다.

삶을 향상하기 위한 희생

지금까지 말해온 개혁하는 인간의 초상화에 한 가지 특징을 추가해도 되겠습니까? 정신적인 세계와 현실적인 세계 사이에서 중재하려는 자는 앞을 멀리 내다보는 신중함을 갖추어야 합니다. 한 아

◇◇◇◇

82 예수 그리스도를 가리킨다.

랍 시인은 그의 영웅을 이렇게 묘사합니다.

> 그는 겨울날에는 햇볕이었고
> 한여름에는 시원한 그늘이었네.

자신은 물론이요 남을 도우려고 하는 사람은 충동적으로 불규칙하게 미덕을 실천하는 사람이 아니라, 절제하고 한결같고 불변하는 사람이어야 합니다. 역사를 살펴보면 세상을 축복하기 위하여 여기저기에서 그런 인물이 나타납니다. 이런 사람들은 자기 본성에 중심을 잡아주는 특성이 있었습니다. 비유적으로 말하자면 제분기(製粉機)의 속도 조절 바퀴 같은 특성을 지녔지요. 이 바퀴는 다른 바퀴에 골고루 힘이 돌아가게 하고, 불공평하게 어느 한쪽으로 힘이 몰려 갑작스럽게 감당 못 할 충격을 받지 않게 합니다. 즐거움이 어느 한순간에 집중되어 위험 가득한 황홀이 되고 그다음에는 반작용이 오는 것보다는, 일정한 힘을 유지하면서 온종일 널리 퍼져 있는 것이 더 좋습니다.

인간으로서는 최고의 경지라 할 수 있는 숭고한 진중함도 있습니다. 아주 먼 미래를 확신하면서—지금까지 나타난 것보다 앞으로 오게 될 것을 더욱 확신하면서— 현재의 이 순간을 온 생애를 위해 뒤로 미루는 것입니다. 재주를 뒤로 미루어 천재가 되고, 특별한 결과를 미루어 인품으로 새겨지기까지 하는 것입니다. 상인이 자기 자본을 늘리기 위해 소득으로 들어온 돈에서 기꺼이 따로 떼어 놓듯이, 위대한 사람은 자신의 삶을 높은 곳으로 고양시키기 위하여 특별한 힘과 재주를 이 순간 기꺼이 잃어버리려(뒤로 미루려) 합니다.

정신세계로 들어가 정신적 감각을 활짝 열어젖힌 사람은 더 큰 희생을 감내하려 합니다. 그들 특유의 재주를 내려놓고, 현재의 성공을 가져오는 가장 좋은 수단과 기량을 포기하고, 권력과 명예도 벗어던집니다. 이런 모든 것을 다 뒤로 하고 신성과의 합일을 위한 저 채워지지 않는 목마름을 축이려고 과감히 앞으로 나섭니다. 이러한 희생에 더 순수한 명예와 더 큰 힘이 보상으로 돌아옵니다.

그것은 우리의 수확을 씨앗으로 바꾸는 것입니다. 농부가 땅속에 가장 좋은 곡식의 이삭을 심듯이 우리가 인류의 삶을 위해 희생하는 시간이 올 것입니다. 그렇게 되면 우리는 가진 모든 것을 내놓으면서, 우리가 현재 소유한 것보다 더 많은 것을 인류를 위한 수단과 힘으로 바꾸어놓을 것입니다. 그때 우리는 해와 달을 기꺼이 우리의 씨앗으로 삼을 것입니다.

해
제

에머슨, 정신적 독립을 선언한 현자

이종인

    랄프 왈도 에머슨(Ralph Waldo Emerson, 1803-1882)은 "콩코드의 현자"라는 말과 함께 19세기 후반 미국 사상계에서 가장 우뚝한 존재였다. 시인 로버트 프로스트는 자신이 가장 위대한 미국인으로 여기는 네 명을 거명하면서, 장군이자 정치가 조지 워싱턴, 정치 사상가 토머스 제퍼슨, 순교자이며 구국의 영웅 에이브러햄 링컨 그리고 시인이며 구도자인 랄프 왈도 에머슨을 들었다. 에머슨의 저서는 당대 미국과 영국에서도 널리 읽혔고 또 유럽 대륙에까지 잘 알려져 있었다. 가령 프랑스 시인 보들레르는 에머슨의 저서 『인생의 처세』(*The Conduct of Life*)를 읽고 에머슨에게서는 세네카의 분위기를 느낄 수 있으며 깊은 명상으로 이끈다고 말했다. 또한, 프랑스 소설가 앙드레 지드는, 그의 에세이는 아침에 읽기 좋으며 읽을 때마다 "마투티나 코그니티오"(*matutina cognitio*: 이른 아침의 지혜)를 얻는다고 말했다. 이 말은 에머슨 자신이 에세이 「자연」에서 토마스 아퀴나스의 말을 인용한 것인데, 잠의 어둠에서 막 깨어나 새벽빛을 느낄 때의 지혜, 즉 어둠에서 빛 속으로 들어올 때의 지혜, 다시 말해 신성에 대한 지혜를 의미했다. 반면에 "베스페르티나 코그니티오"(*verpertina cognitio*)는 인간에 대한 지혜를 뜻했다.

에머슨의 사상은 초월주의로 널리 알려져 있는데, 이 사상이 가장 잘 담겨 있는 에세이가 「자기 신뢰」이다. 그리고 그 자기 신뢰를 바탕으로 인생과 자연 그리고 신성을 편견 없이 있는 그대로 받아들여야 한다고 말한 에세이 「운명」은 에머슨의 저서 『인생의 처세』에 첫 번째로 실려 있을 정도로 대표적인 문장이다. 그리고 이 책에 수록된 마지막 에세이 「개혁하는 인간」은 유출 혹은 진화의 개념에 입각하여 인간은 한없이 향상하는 쪽으로 자신을 개혁해야 한다고 주장하는 글이다.

이 해제에서는 먼저 저자의 생애를 살펴보고, 저작의 배경을 여러 측면에서 일별한 후에, 책에 실린 세 편의 에세이를 해설하는 순으로 진행한다.

1. 저자의 생애

에머슨이 겨우 8세일 때 그의 아버지가 돌아가셔서 에머슨 가족은 많은 어려움을 겪었다. 어머니 루스 에머슨은 어린아이들과 재정적인 어려움 때문에 고생이 막심했으나 강한 의지의 여인이었고 네 명의 아들을 모두 대학에 보낼 수 있었다. 4명의 형제는 먼저 졸업한 후에 차례로 동생의 학업을 도왔다. 네 형제 중 에드워드와 찰스는 젊은 나이에 사망했다. 에머슨의 건강도 그리 좋은 편은 아니었다. 형 윌리엄도 늘 신체적 고통과 정신적 불안을 달고 살았다. 에머슨의 자식들도 그리 건강하지 못했다. 두 아들 중 한 아이는 일찍 죽었고 다른 아이는 정신적 지체가 있었으며, 세 딸 중 한 명은 일찍 죽었다.

에머슨은 1817년에 하버드대학교에 입학하여 성적이 중간 이상은 되었으나 두각을 나타내지는 못했다. 졸업 후에는 형 윌리엄이 보스턴에서 운영했던 여성을 위한 신부학교에서 교사로 일했다. 그 후 하버드 신학대학원에 진학했으나 폐가 약하고 눈이 안 좋으며 류머티즘이 있어서 입학 후 얼마 되지 않아 학업을 중단하고 남부로 내려가 겨우내 요양해야 했다. 신학대학원을 마친 후에는 아버지가 근무했던 유니테리언 교회인 보스턴 제2교회의 부목사로 임명되고 곧 주임 목사로 승진했다.

목사 시절에 에머슨은 형식적인 종교의식을 아주 못마땅하게 여겼다. 1832년 에머슨은 신자들에게 자신의 양심에 비추어볼 때 더 이상 기존의 예배 형식을 따를 수 없다고 선언했다. 그리스도가 그런 일반적이고 규칙적인 의식 준수를 가르쳤을 것 같지 않다는 것이 이유였다. 에머슨은 교구 신자들 사이에서 인기가 있었으나 교회 당국은 성찬 의식 생략은 불가능하다고 판단했고, 에머슨과 교회는 우호적인 분위기 속에서 결별했다.

에머슨은 목회자로 사는 것에 실망했고, 아내가 사망한 데다 최근에 형제가 죽고 또 본인 건강도 좋지 않아 겨울에 이탈리아 여행을 떠나기로 했다. 여행으로 건강은 차츰 회복되었고 또 정신적인 자극도 되었다. 그는 이탈리아의 많은 예술 작품에서 큰 즐거움을 느꼈다. 잉글랜드에서는 평소 관심이 많았던 콜리지와 워즈워스 같은 낭만파 시인들을 만났고, 특히 토머스 칼라일과의 만남은 평생 지속된 우정의 출발점이 되었다. 에머슨이 칼라일을 처음 만난 것은 1833년이었는데, 당시 둘은 무명 인사였다. 두 사람은 기질적으로 아주 달랐으나, 첫 만남에서부터 서로에게 마음이 끌렸다. 그리하여 영국과 미국 양쪽에서 서로 대변인 역할을 기꺼이 맡으면서 친구의 문운(文運)이 융창하기를 바랐다.

미국으로 돌아온 에머슨은 1년 뒤에 보스턴에서 콩코드로 이사했다. 곧 콩코드에서 땅과 집을 사고, 플리머드 출신의 리디언 잭슨과 결혼했다. 이 무렵 에머슨은 32세였다. 서른 이전의 어려운 시절과 정신적 갈등이 끝난 후, 47년 동안 에머슨은 콩코드의 현자로 국내와 해외에서 폭넓은 존경을 받으면서 살았다. 콩코드는 당시 미국의 사상계를 지배했던 보스턴에서 가까운 곳이었다. 당시에도 마차를 타고 2~3시간이면 갈 수 있었는데, 피치버그 철도 노선이 부설되고는 1시간 정도로 그 시간이 단축되었다. 이곳에서 에머슨은 『주홍글씨』를 쓴 소설가 너새니얼 호손을 만났고, 또 에머슨의 제자이며 『월든』의 저자 헨리 데이비드 소로를 자신의 집에 집사로 맞았으며 자신이 발간하는 잡지 『다이얼』지 편집을 맡기기도 했다.

에머슨은 초월주의자 클럽을 만들어 활발한 사상적 토론을 벌였다. 1836년에 『자연』이라는 책을 5백 부 한정판으로 발간했다. 칼라일은 커다란 사상의 집을 짓기 위한 설계도라며 그 책을 칭찬했으나 독자들의 평판은 그리 높지 않아 1847년에 되어서야 겨우 재판에 들어갔다.

1837년 하버드대학교의 파이 베타 카파 모임에서 「미국인 학자」라는 제목으로 연설한 일은 아주 획기적인 사건이었다. 대법관 올리버 웬델 홈스는 그 연설을 가리켜 "우리의 정신적 독립 선언서"라고 극찬했다. 연설은 특히 미국의 젊은이를 열광시켰다. 그다음 해인 1838년, 에머슨은 하버드 신학대학교 졸업반을 상대로 강연했다. 그는 이 연설에서 역사적 기독교의 진정한 가치에 의문을 표시하면서 설교단의 형식적이고 영감 없는 설교에 대한 맹렬한 비판을 퍼부었다. 목사직과 종교 사상에 대한 에머슨의 비판은 목사들로부터 엄청난 반발을 불러일으켜 즉각 이단으로 선언되었다. 에머슨은 무신론자로 낙인찍혔고, 설교단과 강단에서 일체의 강연이 금지되었다. 여러 달 동안 그가 정신이상이 되었다는 소문이 돌았으나, 에머슨은 일절 반응하지 않았다. 자신과 가족을 위해 그는 다른 생계 수단을 찾아야 했다. 그리하여 에머슨은 전국을 돌아다니며 강연을 하는 방식을 택한다.

사람들은 그의 강연을 우호적으로 받아들였다. 일요일에 했더라면 신성모독으로 여겨졌을 텐데, 수요일에 하니 오히려 호평을 받았다. 이런 식으로 평생 전국을 돌아다니면서 그는 정신적이고 철학적인 주제에 관해 강연했다. 여름 시즌에는 자기 생각을 연설의 형태로 표현했다.

그는 생각이 날 때마다 메모하는 걸 잊지 않았다. 아침 일찍 침대에서 일어나 살금살금 방을 빠져나가는 그에게 아내 리디언이 물었다. "혹시 어디 아픈 데 있어요?" 그의 대답은 이랬다. "아니, 좋은 생각이 떠올라서 그걸 적어놓으려고 해." 겨울이면 초대해주는 곳마다 찾아가 강의했다. 에머슨은 호리호리하고 어깨는 약간 굽었지만, 대중 연사로서는 아주 뛰어났다. 성량은 아주 풍부했고 온화한 성품은 사람들에게 호감을 주었다. 그는 웅변의 달인으로 널리 칭송을 받았다.

하지만 강연 생활은 고달팠다. 에머슨에게 사업가 기질은 별로 없었기 때문에 강연료는 주는 대로 받았고, 그래서 큰돈을 벌지는 못했다. 그럼에도 그의 낙관적인 기질 덕분에 모든 일에 최선의 결과를 기대했다. 이 낙관주의와 관련해 에머슨은 평생의 친구 토머스 칼라일과 크게 대조된다. 프리드리히 니체가 『우상들의 황혼』에서 두 사람을 비교하면서 이렇게 말한 데서도 잘 알 수 있다. "에머슨은 칼라일보다 훨씬 더 계몽되고 폭넓고 유연하고, 또 더욱 심오하다. 그러나 무엇보다도 그는 칼라일보다 훨씬 더 행복한 사람이다. 그의 마음은 늘 감사하고 또 고마워해야 하는 이유를 언제나 발견해낸다." 그는 인생을 향한 이러한 자신감을 전국을 돌아다니며 했던 강연에서 적극 피력했다. 그는 강연에 나온 청중들이 자기 말을 듣고 삶의 활력을 얻길 바랐다. 강연이 끝나면 내용을 일부 수정하여 에세이로 발표했고 그다음에는 단행본 형태로 출판했다. 시를 제외하고 모든 저술은 먼저 강단에서 전한 것이었다.

에머슨의 강연을 들은 사람이 그의 말을 전부 알아들은 것은 아니었다. 대체로 젊은 사람이 중장년층보다 더 잘 이해했다. 보스턴의 유명한 변호사 제레미아 메이슨은 그의 강연에 대해 이렇게 말했다. "그 강연은 내게는 전혀 의미가 없었습니다. 하지만 두 딸은 각각 15세, 17세였는데 그의 말을 완벽하게 이해하더군요." 에머슨이 운영하는 초월주의자 클럽의 회원이던 E. R. 호어 판사의 부인은, 집 청소를 하는 아주머니가 에머슨의 강연에 빠짐없이 참석하는 것을 보고 강연을 다 이해하느냐고 물었더니 이런 대답을 들었다. "한 마디도 이해하지 못해요. 하지만 그의 모습을 보고 싶어 나갑니다. 그는 강연회에 참석한 사람들이 모두 자기처럼 선량하다고 생각합니다. 그런 생각이 얼굴 전체에 가득 드러납니다." 콩코드의 한 주민은 에머슨의 급진적인 신학 사상을 잘 이해하고서 그것을 반박할 정도였다. 그는 길거리에서 에머슨을 만나자 이렇게 말했다. "엉뚱한 생각으로 우리 마을에 피해를 입히는 사람이 내가 알기론 딱 셋 있습니다. 과격파 유니테리언 신학자 시오더 파커, 노예제 폐지론자 웬델 필립스 그리고 이렇게 솔직히 말해도 되는지 모르겠는데, 바로 에머슨 당신입니다!"

그런 식으로 10년 동안 강연과 저술 활동을 하다가 에머슨은 1847년 영국의 초청을 받아 두 번째 유럽 여행에 나섰다. 그는 영국에 1년간 머무르면서 강연했고 초대해주는 집마다 방문하여 영국인들과 사교와 우정을 다졌다. 그는 또한, 1848년 2월 혁명이 일어나 어수선한 프랑스도 방문했다. 프랑스 왕 루이 필리프는 1830년의 7월 혁명으로 샤를 10세를 이어 왕위에 올라 7월 왕정(1830-1848)을 이끌었으나 그의 체제는 1848년 2월 혁명으로 붕괴했고 그 직후 제2공화국이 선언되었던 것이다. 에머슨이 써낸 『영국인의 특징』(*English Traits*)은 이 1년간의 해외 체류에서 얻은 결실이었다.

에머슨은 호감을 주는 사람이었지만, 수줍음을 많이 탔고 동물적 야성은 전혀 없는 사람이었다. 그는 적극적인 사교 활동을 하기에는 자신이 너무나 초연한 사람이라고 생각했다. 학창 시절은 물론, 교사 시절에도 당황스러워해 학생들의 놀림감이 되었다. 목회자 시절에는 필수로 해야 하는 가정 방문도 크게 부담스러워했다. 즉, 그는 카리스마 넘치는 개성으로 좌중을 휘어잡는 사람이 아니었다. 그는 혼자 있을 때 가장 편안해하고 생각도 많이 떠올렸다. 그리하여 에머슨은 콩코드 공동체에서 벌어지는 공공사업에는 거의 참여하지 않았다. 그는 플루타르코스 이야기에 나오는 은둔자를 연상하게 하는 사람이었다. 1년에 딱 하루 사람들과 만나고 나머지 날은 요정과 악마들을 상대로 대화하는 은둔자와 같은 사람 말이다.

그는 정치적인 활동도 싫어했다. 처음부터 흑인 노예들은 해방되어야 한다고 생각했지만, 노예제 폐지를 외치는 과격 단체와의 접촉은 가능한 한 피했다. 왜 직접적인 행동에 나서지 않느냐는 질문을 받고서 에머슨은 이렇게 대답했다. "내 정신은 깊은 감옥에 갇혀 있습니다. 그곳은 아무도 갈 수 없는 감옥입니다. 내가 자주 찾아주지 않으면 안 돼요." 그러나 에머슨도 마침내 그 운동에 가담하기 시작했다. 에머슨은 자신이 영웅으로 생각해온 대니얼 웹스터(1782-1852, 매사추세츠 출신 상원의원이자 웅변가)가 도망한 노예를 원주인에게 돌려주어야 한다고 강제한 도망 노예법(1850)을 지지하자 웹스터가 반노예제도의 대의를 배신했다고 생각했다. 이 법이 통과한 후에 에머슨은 콩코드, 보스턴, 뉴욕의 공공모임에 참석하여 평소 온유한 성정답지 않게 거친 목소리로 노예제도를 비판했다. 에머슨은 자녀가 집짓기에 관한 학교 과제를 작성하는 것을 보면서 도망 노예를 숨겨줄 공간이 없는 집은 지어서는 안 된다는 말을 하기도 했다. 그는 존 브라운을 집으로 초대해 식사 대접을 했고 하퍼스 페리 사건 이후에는 존 브라운을 옹호하는 연설을 하기도 했다. 남북 전쟁이 터졌을 때 에머슨은 57세였으나 그 싸움에 직접 가담하지는 않았다.

남북 전쟁이 끝난 1865년에 에머슨은 또다시 하버드대학교의 파이 베타 카파 모임에 강연 초청을 받았다. 1838년에 그가 신학대학생을 상대로 했던 연설 스캔들은 잊혔다. 강연 직후에 에머슨은 이 대학교의 감독관으로 선임되었다. 1870년과 1871년에는 하버드대학교에서 철학 강연을 했다. 그러나 그는 노년에 접어들었고, 평생 활발한 지적 활동을 해온 까닭에 건강이 악화되기 시작했다. 기억력도 쇠퇴했고 이제 강연자, 철학자로서 커리어도 끝나가는 것 같았다.

1872년 7월, 그의 집 벽난로에서 불이 나서 가옥이 전파(全破)되었다. 에머슨 부부는 자다가 깨어 옷도 제대로 챙겨 입지 못하고 대피해야만 했다. 몇몇 귀중한 문서와 소장품을 화재에서 구해내려고 지나치게 애쓰다가 체력이 크게 소진되었다. 에머슨은 이 화재의 충격에서 쉽게 벗어날 수 없었다. 그는 완전히 탈진했고, 어린 시절에 놀았던 외할아버지 집 올드 맹스로 갔다. 마을 사람들이 이런 그를 위해 임시 서재를 마련해주었다.

하지만 그는 충격의 여파로 일을 할 수 없었다. 이때 일부 친구들이 힘을 모아 딸 엘렌과 함께 이집트 여행을 하도록 주선했다. 그리고 에머슨이 여행하는 동안 친구들이 그의 집을 새로 지어 주었다. 1873년 3월, 그가 귀국하자 마을 종이 울렸고 어린아이, 이웃 사람, 친지 들이 에머슨과 동행하며 새로 지은 그의 집까지 갔다. 에머슨은 이러한 이웃의 은혜에 깊은 감사의 정을 느꼈고 여행 중에 런던 출판사에 약속했던 에세이 출판에 착수했다. 그러나 그는 이제 더 이상 지속해서 일할 수 없었다. 친구 제임스 엘리엇 캐벗이 힘을 보태 그동안의 노트와 강연 원고를 정리하여 책을 대신 편집해주었는데 그것이 『편지들과 사회적 무기』(1875)였다. 에머슨은 이후 평온한 노년을 보내다가 1882년 79세를 일기로 영면했다.

2. 저작 배경

에머슨의 에세이는 이른 아침의 명상을 위해 적합한 글로, 그의 사상 체계를 미리 알고 있지 않으면 단번에 이해하기 어렵다. 먼저 에머슨이 살았던 시대 배경과 목사로 취임했다가 그만두게 되는 종교적 배경을 살펴보고, 그의 독자적인 사상 중 대표적인 것 몇 가지를 소개한다.

1) 에머슨 시대의 미국

에머슨이 살았던 19세기 미국은 사회적으로 엄청난 변화가 이루어진 시대였다. 19세기 전반에 미국은 놀라울 정도로 국부가 늘어나고 영토가 팽창했다. 1803년 나폴레옹에게서 루이지애나를 사들였고, 1819년에 스페인에게 플로리다를, 1845년에는 멕시코로부터 텍사스를 빼앗았으며 그리하여 캐나다를 제외한 북미 대륙 전역을 국가 영토로 두게 되었다. 곧 서부 개발이 시작되고, 이 과정에서 개인주의적이고 능력 위주인 프런티어 정신이 함양되었다. 활발한 서부 개척과 때를 같이해 산업혁명이 본격적으로 진행되어 미국의 국부가 쌓이기 시작했고, 운하와 철도 부설도 활발해졌다. 1850년대 이후 미국은 남부 지역을 제외하고 농업 국가에서 공업 국가로 전환하고 있었다.

미국 산업의 발전은 19세기 말에 국가 부강의 주요 원천이 되었다. 20세기 초인 1914년에 이르러 제조업에서 나오는 국민소득이 농업 분야 소득을 크게 앞질렀다. 더욱이 발명가나 기술자들은 대량생산 제도, 기계 기구 도입, 교체 가능 부품의 표준화, 일관작업 등에서 커다란 개선을 이루었다. 풍부한 석탄과 철을 가진 미국은 곧 유럽 여러 나라를 앞지르기 시작했다. 1871년 영국은 석탄과 철 생산에서 세계 1위였으나 1890년에 이르자 미국은 영국과 같은 수준을 자랑했고, 1914년에는 영국, 프랑스, 독일 세 나라를 합친 것보다 더 많은 석탄과 철을 생산했다.

철도가 미국에 처음 도입된 것은 1830년대였다. 1840년이 되자 뉴잉글랜드와 대서양에 면한 주들은 총 2,000마일의 철도를 깔았다. 철도는 미국 동부에서 시작하여 중서부까지 계속 뻗어 나가 1860년에는 총 3만 마일의 네트워크를 갖추게 된다. 1869년에는 최초의 대륙 횡단 철도가 완성되었다. 이들 철도 부설 사업에는 공적 자금도 일부 들어가기는 했지만, 대부분 민간 자본이 투입되었다. 19세기 중반에 철도 회사는 대기업이었고 많은 노동자를 고용했으며 다양한 방식으로 금융을 조달했다. 1861-1865년 사이에 남북 전쟁이 벌어지면서 철도의 역할은 더욱 중요해졌다. 1865년에 3만 5천 마일 정도이던 철도 네트워크는 1880년에 9만 3천 마일까지 늘어났다. 이 철도가 지나가는 지역은 마을이 읍으로, 읍이 도시로 발전하면서 부동산 가격이 크게 치솟았다. 주로 철도회사와 관련 회사가 그 혜택을 보았다.

사회적 개혁 운동도 활발하게 벌어져 브룩 팜(Brook Farm)과 푸르트랜드(Fruit Land) 같은 공상적 협력 공동체도 생겨났다. 이처럼 어지러울 정도로 빠르게 발달하는 시대를 보며 에머슨은 일기에 여러 번 절망감을 토로했다. 미국의 정치는 부패했고 물질주의가 사람들의 몸과 마음을 완전히 사로잡았다고 썼다. 미국은 영토 개발 명목으로 인디언 원주민들을 학살했다. 멕시코로부터 영토를 빼앗기 위해 저지른 멕시코 전쟁은 정의를 사랑하는 사람이라면 수치스러울 수밖에 없는 사건이었다. 에머슨이 우상처럼 여겼던 매사추세츠주 의원 대니얼 웹스터는 남부와 북부가 내전을 일으킬지 모른다는 국가적 위기에 봉착하여, 남부에서 북부로 도망쳐온 흑인 노예는 원래 주인에게 돌려주어야 한다는 내용의 도망 노예법에 서명했다.

미국 남부와 북부 간의 사회 구조 차이는 노예 문제로 격화될 수밖에 없었다. 1850년에 남북 간에 일시적 타협이 이루어졌으나 두 지역의 산업 구조가 너무나 달라 언제 충돌이 벌어질지 모르는 긴장 상태가 계속되었다. 남부는 대농장을 바탕으로 한 농업이 발달했는데 식민지 초기에는 담배를, 유럽의 산업 혁명 이후에는 면화를 주로 재배했다. 면화 재배에는 막대한 노동력이 필요했기 때문에 남부의 농장주들은 체력적으로 들판에서 잘 견디지 못하는 인디언이나 인건비 부담이 큰 백인 노동자보다는 싼 가격 혹은 거의 공짜로 쓸 수 있는 흑인 노예를 선호했다. 반면 북부의 많은 주는 19세기 중반부터 상공업 중심으로 성장해 자유로운 임금 노동자가 노동력의 중심이 되었다. 북부는 임금 노동자가 많이 필요했기 때문에 노예 신분에서 해방된 자유 노동자가 산업예비군으로 지원하길 바랐다. 종교적 측면에서도 남부는 개인적 경건함에, 북부는 사회 개혁을 더 중시했다.

여기에다 미국의 영토가 중서부로 팽창되면서 서부의 새로운 주를 남부와 북부의 자유주와 노예주 중 어디로 편입하느냐가 과제로 떠올랐다. 1819년까지 노예주와 자유주는 각각 11개로 세력 균형을 유지했으나 인구 6만 이상의 미주리가 노예주로 연방 가입을 신청하면서 남북 간의 갈등이 시작되었다. 노예주 입장에서는 새로 생긴 주에 노동력이 필요할 것이므로, 기존의 노예를 비싼 값에 팔아넘겨 이득을 취할 수 있었다. 반면에 북부는 독립선언문에 모든 사람이 평등하게 태어났다고 선언하고 노예제를 계속 유지한다면 국제 사회에서 선진국 대우를 받지 못한다고 우려했다.

1859년 10월 16일 노예제 폐지론자인 존 브라운(1800-1859)은 5명의 흑인을 포함한 18명의 동지를 규합하여 버지니아주의 하퍼스페리에 있는 연방 무기고를 점령하고 이곳을 근거지로 남부의 노예를 선동하여 노예 반란을 일으키려 했다. 그러나 해방 노예들의 호응은 없었고 이 무모한 계획은 출동한 연방군에 진압되었다. 브라운은 현장에서 체포되어 12월 2일 교수형이 실행되었다. 하지만 남부와 북부의 긴장은 1861년 4월 12일 포트 섬터에서 벌어진 소규모 전투로 더 이상 감추어질 수 없었고 마침내 내전이 발발해 1865년 4월 9일 북군 총사령관 율리시즈 그랜트가 남부의 로버트 리 장군에게 버지니아주 아포마톡스에서 항복을 받아냄으로써 전쟁은 북군의 승리로 끝났다.

남북전쟁이라는 국가적 대참사는 에머슨의 생애 후반에 벌어진 큰 사건이었다. 이 전쟁이 끝난 후에 오로지 금전적 이익만을 노리고 남부에 내려온 북부의 카펫배거(Carpetbagger)들은 현지 농장주들과 결탁해 버려진 땅이나 재수용된 땅을 사들여 시세 차익을 실현했다. 남부 경제를 살리려 했으나 자금력이 부족했던 남부 사람들은 이들의 투자를 열렬히 환영했다. 이런 여러 사회적 현상들은 금전적 이익만을 생각하는 물질주의적 결과를 가져왔다. 미국의 윤리의식은 땅바닥에 떨어졌다. 19세기 후반에 산업혁명이 발달하여 물질주의가 확대되면서 무지와 사악함이 미국인의 생활에 만연했고 당대의 지식인들은 그런 상황을 크게 개탄했다.

이처럼 미국은 한쪽으로는 영토가 넓어지고 국력이 부강해졌지만, 다른 한쪽에서는 지나친 물질주의가 사람들의 정신을 좀먹고 있었다.

에머슨은 미국의 물질적 현상을 개탄하면서도 국가의 미래에 대해서는 크게 낙관했다. 미국은 언제나 낙관적 예언에서 영감을 받는 나라라고 생각한 것이다.

일찍이 조나단 에드워즈도 메시아의 재림을 굳건하게 믿었고 미국인들도 자신을 '아메리칸 아담'이라고 생각하길 좋아했다. 아메리칸 아담 신화에서 미국은 인류의 새로운 낙원 혹은 새로운 에덴동산으로 간주된다. 새 역사의 출발에 즈음하여 아메리칸 아담은 영웅적인 순진성과 엄청난 잠재력을 갖춘 진정한 미국인으로 정의된다. 이것은 "미국의 꿈"(아메리칸 드림)으로 설명되기도 하고 또 호레이쇼 앨저("가난한 사람이 부자가 되다") 스토리로 설명되기도 하는데, 신대륙 미국은 지상낙원을 세울 수 있는 가능성의 땅이라는 바람이었다. 그런 낙관론 사상은 시들지 않고 새로운 문화를 만들어내는 원동력이 되었다. 유럽의 여러 구제도에 대한 증오는 미국으로 건너오게 된 원동력이었고, 미국인은 그런 낡은 제도들이 사라졌거나 혁신된 사회에서 사는 게 꿈이었다. 그래서 에머슨은 무엇보다도 정신적 독립을 중요하게 역설했다.

이러한 에머슨 사상은 에세이 「미국인 학자」에서 잘 드러난다. 이 글은 에머슨이 1837년 8월 31일 하버드대학교의 파이 베타 카파 모임에서 한 연설이다. 원래 예정되었던 연사가 사양하는 바람에 에머슨에게는 단 두 달의 시간 여유를 주었다. 그러나 에머슨은 미국의 학자가 어떻게 행동해야 하는가를 지난 2년 동안 깊이 명상해온 터였다.

연설의 핵심 문장은 이러하다. "우리는 너무 오랫동안 유럽의 우아한 뮤즈의 노랫소리를 들어왔습니다." 퓨리턴이 미국에 독립 교회를 주었고, 미국 혁명이 독립 국가를 주었다면, 이제 미국인 학자가 영국의 문화와 사상으로부터 완전 독립된 미국인의 모습과 사상을 만들어주어야 한다는 의미였다.

2) 초월주의 운동

초월주의는 18세기의 합리주의, 존 로크의 회의주의, 뉴잉글랜드 칼뱅주의의 억압적인 종교 교리 등에 대한 반발로 생겨났으며 낭만주의, 이상주의, 신비주의, 개인주의 등을 종합한 사상이다. 1836년부터 1860년 사이에 뉴잉글랜드 콩코드를 중심으로 전개된 철학 및 문학 운동을 의미한다. 주요 사상가는 에머슨과 소로인데, 에머슨은 주로 에세이를 통하여, 소로는 『월든』이라는 책에서 초월주의 사상을 구체적으로 서술했다.

초월이라는 용어는 중세의 스콜라 철학자들이 처음 사용한 것으로, 아리스토텔레스가 말한 사물의 8대 범주—수량, 품질, 관계, 장소, 시간, 위치, 상태, 행위—를 초월하는 사물의 성질을 가리켰다. 그 후 칸트가 이 범주 중에서 체험의 구성 요소에 속하지만, 감각과 지각을 통해서는 알 수 없는 요소에 초월이라는 이름을 붙임으로써 뚜렷한 의미가 확정되었다. 칸트는 『실천 이성 비판』(1788)에서 "나는 대상 그 자체가 아니라, 그 대상을 인식하는 우리의 인식 방법에 관련된 모든 지식을 '초월적'이라고 부르며, 이것은 아 프리오리(*a priori*, 경험 이전의 것, 태어날 때부터 이미 갖추고 있는 것)와 동일한 개념이다"라고 말했다.

그 후 셸링이 이 용어의 의미를 좀 더 정교하게 가다듬어 독일 관념론으로 확장했다. 셸링은 상상력 넘치는 생각과 과학적 사실이 결합하여 객관적 지식을 낳을 수 있다고 보았다. 이러한 사상은 낭만주의적 사고방식에 크게 호소했다. 그는 자연과 정신(생각)을 같은 것으로 봄으로써 소위 객관적 관념론의 기반을 놓았다. 이러한 셸링의 사상은 주관적 범신론에 어느 정도 객관적 초연함을 부여했다. 셸링은 자연이 가시적으로 드러난 생각이고, 생각(정신)은 보이지 않는 자연이라고 정의했다. 이러한 자연 중시 사상은 스피노자에게 소급된다. 스피노자는 젊은 괴테와 독일 낭만파에 큰 영향을 미쳤다. 독일 낭만파는 자연에서 신을 보고자 했는데, 이와 관련하여 스피노자가 하나의 철학적 배경을 제공한 것이다. 레싱은 1780년에 "스피노자의 철학 이외에 다른 철학은 있을 수 없다"라고 말하기까지 했다.

이러한 독일 관념론은 다시 콜리지를 통해 영국 낭만주의에 수입되었고 이어 에머슨에게 영향을 주었다. 영국 낭만파 중에서도 특히 콜리지의 영향이 컸다. 새뮤얼 콜리지(1772-1834)는 훌륭한 시인이자 문학평론가였지만, 아편 중독으로 인생의 간난신고를 많이 겪어 불우한 삶을 살았다. 그의 문학 사상은 주로 독일 관념론에서 영감을 받은 것이다. 관념(ideal)은 물질과 대비되는 것으로서, 진정한 리얼리티(실제)가 이것이라고 가르치는 철학인데 물론 그 원조는 이데아를 설파한 플라톤으로 거슬러 올라간다. 이것은 독일 문학의 한 시기, 즉 1790년에서 1805년에 이르는 시기의 특징을 지칭하는 말이기도 한데, 실러(1759-1805)가 이를 대표하는 문인이다. 실러는 칸트 철학에서 영향을 받았고 또 괴테와 교유하며 영향을 받았다. 실러는 칸트의 다소 무미건조한 형식주의 도덕에 대립하여 본능적 선행을 강조하면서 그 나름의 심미적 심리학을 정립했다. 또한, 심리적 균형이 심미적 심리 상태를 가져온다는 이론을 주장했다. 그러면서 실러는 괴테가 이런 심리적 균형을 두루 갖춘 대표적 시인이라고 칭송했다. 실러와 괴테 같은 독일 고전주의 작가는 낭만주의의 전조가 되었다.

초월주의는 이처럼 다양한 개념을 적극 수용했으나 그 개략적인 윤곽은 일원론(monism)으로 귀결된다. 일원론은 세상과 신이 하나이며, 신이 세상 안에도 깃든 만큼 인간 내부에도 신성이 깃들어 있다고 보는 사상이다. 이렇게 볼 때 초월주의는 체계적인 철학도 순수한 종교도 아닌, 동서고금 철인들의 뛰어난 지혜를 한데 모아놓은 절충적 사상이었다. 이 사상은 인간이라면 누구든지 가져야 할 도덕적 태도를 가르치고 인간의 자유로운 발전을 저해하는 사회의 모든 요소에 비판의 화살을 던져 잠자는 양심을 깨웠다. 에머슨과 그를 둘러싼 친구와 제자들은 당시 미국 사회가 당면한 각종 사회문제 개혁을 위한 단체 조직을 직접 주도하지는 않았지만, 그러한 개혁을 사상적으로 뒷받침했다.

3) 에머슨의 종교적 배경

에머슨의 종교관을 이해하려면 칼뱅주의와 유니테리언주의를 알아야 한다. 칼뱅주의는 1620년 플리머스 호를 타고 신세계로 건너온 필그림 파더스가 믿었던 사상으로 일명 퓨리터니즘(Puritanism)에 속한다. 퓨리턴은 16세기 후반 영국의 국교가 설립되었을 때 국교가 아직도 가톨릭교회 예식을 너무 많이 간직하고 있다고 반기를 들었다. 그 후 퓨리턴 사이에서도 분파가 생겼는데, 박해를 두려워한 스크루비 요크셔 마을에 살던 퓨리턴들이 먼저 1608년에 네덜란드로 피신했다가 이어 1620년에 뉴잉글랜드 플리머스로 이주했는데 이들을 필그림스 파더(Pilgrim's Father)라고 한다.

종교적으로 퓨리턴은 칼뱅주의의 5대 교리를 신봉했다. 첫째, 전적 타락(Total Depravity, 모든 자연인은 그 본성이 타락하여 구원에 필요한 믿음을 만들어내지 못한다), 둘째, 무조건적 선택(Unconditional Election, 누구에게 참된 믿음을 줄 것인지에 대한 하나님의 선택에는 아무 조건이 없다), 셋째, 제한 속죄(Limited Atonement, 예수 그리스도의 속죄 실효는 하나님의 선택을 받은 사람들을 위한 것이다), 넷째, 불가항력적 은혜(Irresistable Grace, 하나님이 믿음을 주시기로 작정한 사람이 그리스도를 믿지 않을 수 없다), 다섯째, 성도의 견인(Perseverance of Saints, 하나님의 선택을 받은 사람은 그분의 심판을 받는 자리로 떨어지지 않고 구원이 반드시 성취된다)이다.

퓨리턴은 특히 첫 번째 사항, 인간은 원래 악을 저지르려는 경향이 있는 완전 타락한 존재라고 보아 그 악을 철저히 단속해야 함을 강조했다. 뉴잉글랜드의 매사추세츠주에 정착한 퓨리턴은 이런 도덕 강조에 따른 반작용으로 마술을 신봉하는 경향이 있었다.

1692년 2월 세일럼 마을에서 한 무리의 10대 소녀들이 발작을 일으켜 몸을 비틀고 얼굴을 찡그리고 고함을 치는 일이 발생했다. 처음에 소녀들은 그런 현상이 누구 탓도 아니라고 했으나 어른들이 자꾸만 캐묻자 마녀와 마귀의 소행이었다고 강제 자백했다. 그리하여 이른바 '마녀사냥'이 벌어졌는데 대부분 중년 부인들이 마녀로 지목되었다. 행정 당국에서 이들을 신속히 체포했는데도 소녀들의 발작은 멈추지 않았다. 그리하여 1692년 여름에 수백 명을 기소하여 27명을 재판에 넘겨 그중 19명을 목매달아 죽였다. 그 후 주 당국의 개입으로 주지사는 10월 초에 재판 진행을 멈추게 했다. 그리고 1693년 1월에 감옥에 있던 52명의 피의자를 모두 석방했다. 역사가들은 퓨리턴의 지나친 도덕의식에 죄의식과 공포가 결합해 도덕적 해이에 대한 희생양으로 마녀재판이 진행되었다고 판단한다. 특히 현대 미국인에게 있는 죄의식의 근원으로 이 퓨리터니즘을 드는데, 세일럼 마녀재판이 크게 영향을 미쳤다.

유니테리언주의(Unitarianism)는 그와 대비되는 개념인 트리니태리언(trinitarian)을 살펴보면 더욱 선명하게 드러난다. 트리니태리언은 신성의 삼위일체(trinity)를 믿는 사람을 말하는데 이것이 니케아 종교회의(325년) 이래 지금까지 가톨릭과 개신교의 정통 교리이기도 하다. 삼위일체는 성부-성자-성령이 셋이면서 하나이고, 이 셋이 모두 하나님이라는 가르침이다. 여기서 필리오케(*filioque*: "그리고 성자에게서도") 개념의 해석에 관한 이견을 좁히지 못해 서방 교회와 동방 정교가 결별했다. 서방의 기독교는 성령이 성부에게서도 나오고 "그리고 성자에게서도" 나온다고 가르쳤다. 그러나 동방 정교는 성령이 성부에게서만 나오며 필리오케는 인정할 수 없다고 주장했다. 그런데 유니테리언은 하나님은 한 분이며 성부-성자-성령의 삼위로 나누는 것 자체가 불가능하다는 입장이므로, 성령이 누구에게서 나오고 안 나오는 것은 아예 논할 가치가 없다고 본다.

유니테리언은 이신론에서 많은 영감을 받은 사상이다. 이신론(理神論)은 16세기에 소키누스 일파가 처음으로 주장했다. 소키누스는 이탈리아 르네상스의 급진적 회의주의를 신봉했던 파우스토 소치니(Fausto Paolo Sozzini, 1539-1604)를 가리키는데 그 사상적 계보는 고대 로마의 아리우스("성자는 성부만 못하다")와 펠라기우스("인간의 의지로 행복을 성취할 수 있다")에까지 소급된다. 그 후 이신론은 주로 17-18세기에 영국에서 벌어진 자유사상 운동을 가리키는 말로 쓰였다. 이신론은 계시를 부정하고 그 대신에 이성의 힘을 강조한다.

이신론의 주요 주장은 다음 다섯 가지다. 첫째, 하나님이 세상을 창조한 것은 맞지만, 그 후 계시나 기적 등의 방법으로 현재의 세상이 돌아가는 일에는 일절 간섭하지 않는다. 따라서 예수 그리스도를 하나님으로 보는 것에 부정적인 견해를 취한다. 둘째, 선(혹은 옳음)과 악(그름)은 분명하게 다른 개념이다. 셋째, 인생의 의무는 선(옳음)을 현양(顯揚)하는 것이다. 넷째, 영혼은 불멸한다. 다섯째, 우리가 내세에서 누릴 지위는 현세에서 실천한 윤리적 행동으로 결정된다. 이신론은 무신론과 유신론 사이에 존재하는 사상으로 인식되어, 유신론자에게는 위장된 무신론자로, 무신론자에게는 어정쩡한 자유사상가로 폄하되었다.

유니테리언은 18세기에 등장한 존 로크의 철학—경험을 중시하고 관념을 의심하는 회의주의 사상—을 밑바탕으로 삼고 있다. 유니테리언은 인간을 죄인으로 보지 않는다. 사랑이신 하나님을 상대로 인간이 죄를 저지르는 것은 불가능하다고 본다. 인간은 단지 자신을 행복하게 혹은 덕스럽게 만드는 법을 몰랐을 뿐이다. 그러다가 예수가 지상으로 내려가 인간을 교화하라는 사명을 하나님께 부여받고 지상에 내려왔다. 따라서 기독교의 의무는 예수의 말씀에 복종하는 것이다. 인간에게는 생득적인 관념 같은 것이 없고 모든 지식은 감각적 지각에서 오는 것이므로, 그 어떤 종류의 신비주의도 불가능하다.

　유니테리언주의는 1710년경에 뉴잉글랜드에 수입되었고 1750년경에는 보스턴 일원의 회중교회(각 교회의 독립 자치주의를 존중하고 그 신조를 실천하는 교회 조직) 목사들은 더 이상 삼위일체를 기독교 신앙의 핵심으로 여기지 않게 된다. 1788년 뉴잉글랜드의 최초 성공회인 킹스 채플 교회의 목사는 신자들의 동의를 받아 전례에서 삼위일체를 아예 언급하지 않았다. 헨리 웨어 목사가 하버드대학교 신학 교수로 선임되면서 뉴잉글랜드 회중교회에서 유니테리언주의가 완전 정착되었다. 신자 개개인에게 임한 성령을 중시하는 칼뱅주의가 직관, 느낌, 신비를 강조한 반면, 유니테리언주의는 이성적이고 상식적이며 교과서적인 종교를 지향했다.

　그러나 초창기 유니테리언주의에 강력한 도전자가 생겨났다. 1819년 보스턴의 목사였던 윌리엄 엘러리 채닝은 유니테리언 사상을 더욱 발전시켰다. 그는 신(神) 중심적인 칼뱅 신학을 인간 중심적인 신학으로 바꾸었다. 또 인간의 덕성과 완전성, 의지의 자유, 이에 수반하는 인간의 도덕적 책임을 역설했다. 그는 종교의 본질은 내세를 찾는 데 있지 않고 현세에서 선을 실현하는 데 있다고 갈파하여 자신의 신학과 그 시대의 인도주의적 사회 개혁이 서로 연결되는 길을 터놓았다. 특히 채닝은 "인간이 자기 안에 하나님을 얼마나 영접하는가에 따라 하나님의 존재가 실제적이 될 수 있다"라고 하여 '내부의 신'이라는 개념을 강조했다. 채닝을 비롯해 에머슨의 신학적 스승들은 사실상 기독교의 신비주의 전통을 계승한 인물들이었다.

에머슨을 비롯해 초월주의자들은 윌리엄 채닝의 이런 주장에 깊이 공감했다. 에머슨은 이 개념을 더욱 확대하여 신은 우리 내부에 이미 깃들어 있는데 단지 우리가 그것을 잊고 있을 뿐이며, 그 신성의 회복이 급선무라고 주장했다. 에머슨은 자연을 거의 신과 같은 상태로 파악하여 스피노자의 범신론에 가까운 입장을 취한다. 이러한 에머슨의 신학적 주장이 가장 잘 드러난 글은 신학대학 졸업생을 상대로 한 연설이다. 1838년에 하버드 신학대학교 학생회는 에머슨에게 졸업 연설을 해달라고 초청했다. 교수단은 그 초청을 제지하려 했으나 에머슨이 그 전에 이미 수락해버려서 어쩔 수 없었다.

이 연설은 에머슨의 에세이 「미국인 학자」에서 밝혔던 내용을 종교 문제에도 그대로 적용한 것이었다. 에머슨은 이때 역사적 기독교를 공격하면서 특히 기적이라는 주제에 집중했다. 에머슨은 이렇게 말한다. "예수는 기적에 대해 말했습니다. 그분은 인간의 삶이 기적이요 인간이 하는 모든 일이 기적이라고 했습니다. 그분은 인간의 성품이 위로 상승할 때 날마다 기적이 환히 빛나는 것을 알았습니다. 그러나 기독교 교회에서 말하는 '기적'이라는 단어는 잘못된 인상을 심어주고 있습니다. 그것은 한 마디로 '괴물' 같은 느낌입니다. 숨 쉬는 클로버나 내리는 비와 같은 것이 아닙니다."

에머슨은 인간 생활에서 날마다 벌어지는 자연스러운 기적 같은 생활이 영혼을 증거한다고 하면서, 교회가 신성한 계시의 유일한 증거로 삼는 외적인 기적들과 대비시켰다. 에머슨의 이런 공격은 물질주의적 철학에 바탕을 둔, 종교적 신앙과 도덕을 가르치는 협의(狹義)의 유니테리언 정통 교리와는 크게 달랐다. 당연히 엄청난 반발이 일어났고, 전에 하버드 신학대학원에서 에머슨을 가르쳤던 앤드루스 노턴("유니테리언 교회의 교황"으로 알려진 인물)은 에머슨이 객관적 이성을 거부했을 뿐 아니라 고상한 취미까지도 경멸하는 이단에 가까운 자라고 매도했다. 하버드대학교의 고위 책임자들은 이 연설에 너무 당황하여 그 후 30년 동안 에머슨을 강연자로 초청하지 않았다.

이 연설의 핵심은 "우리는 교회를 영혼과 대비시킵니다"라는 문장이다. 에머슨은 유니테리언의 정통 교리를 공격하고 역사적 기독교의 두 가지 오류를 지적했다. 첫째, 예수라는 존재만 존경하고 예수가 가르치는 영혼의 교리를 가르치지 않는다. 둘째, 하나님의 도덕적 본성이 사회 내에서 적극 퍼지도록 가르치지 않는다. 한마디로 교회가 너무 권위주의적이고 인간의 영혼을 강조하지 않는다는 것이었다. 따라서 이에 대한 치유책으로 인간은 지금보다 더 많이 자기 영혼에 의존해야 한다고 강조했다. 이것은 에세이 「자기 신뢰」에서 에머슨이 계속 주장하는 바이기도 하다.

4) 에머슨과 신비주의

신비주의는 사물의 외양을 넘어서서 신에 관한 지식을 직접 얻으려는 사상을 가리키며 원조는 플라톤이다. 그는 『티마이오스』와 『법률』에서 '우주의 영혼'을 설명하는데, 자신의 깊은 명상과 이집트 사제들의 전통 지식을 종합하여 이 개념을 정립했다. 그는 어떻게 본질적으로 단일하고 비물질인 신성이 세상을 구성하는 뚜렷이 다른 아이디어들, 즉 구체적인 물질을 허용할 수 있는지 의아했다. 그리하여 플라톤은 이 질문을 해결하고자 신성을 제1원인(이데아), 데미우르게(로고스), 우주의 영혼 이렇게 셋으로 나누었다. 이어 우주의 영혼이 분화되어 그 영혼이 혼돈에 침투하는 상태와 정도에 따라 물질이 생겼다고 보았다. 이것을 다시 신플라톤주의 창시자 플로티노스가 좀 더 정교하게 발전시켰다.

플로티노스(Plotinus, 205-270)는 이집트에서 태어나 알렉산드리아에서 수학하고 245년부터 20년 이상을 로마에서 가르쳤다. 당시 알렉산드리아는 동방과 접촉이 있었으므로 신플라톤주의의 신지학적(神智學的) 요소는 페르시아에서 왔을 것으로 추정된다. 제자 포르피리가 스승의 구두(口頭) 가르침을 『엔네아즈』(Enneads)라는 책으로 펴냈는데 '엔네아즈'는 "아홉의 묶음"이라는 뜻이다.

플로티노스의 핵심 가르침은 3개의 히포스타시스(hypostasis: 원질 혹은 실재)인데, 이는 곧 일자(One), 지성(Nous 혹은 Mind), 영혼(Soul)의 히포스타시스를 말한다. 일자는 가장 높은 수준의 신비한 의식으로 곧 하나님을 가리키며, 지성은 직관적 생각(의식), 영혼은 논리적 생각(의식)을 가리킨다. 지성과 영혼을 포함하여 모든 것은 일자로부터 유출되며 따라서 선하다. 그리고 모든 것은 그 원천을 반영하고 명상한다. 지성에서 흘러나온 영혼은 준(準) 히포스타시스인 자연 혹은 생명과 함께 성장의 내재 원칙을 생성한다. 자연 또한 명상을 하지만, 그 명상은 꿈같은 것으로 위(원천)로부터 활력을 별로 받지 못한다. 게다가 자연의 생산물은 너무 취약하여 물질의 완전한 부정성(정신이 깃들어 있지 않은 상태)을 반성하지 못한다.

개별 영혼은 세계 영혼의 발현체로 물질적 세상의 특정 부분에만 집중되어 있다. 인간은 소우주로서 자연, 영혼, 초월적 지성의 모든 수준에서 활동적일 수 있다. 인간이 의식(생각)을 어느 수준까지 높이느냐에 따라 우리 존재가 결정된다. 인간의 목표는 명상을 통해 자아를 초월하고 마침내 일자에게 되돌아가는 것이다. 이런 체험을 가리켜 일자(一者, 하나님)로의 상승(上昇)이라고 한다. 인간은 오로지 이성의 작용을 통해 이 일자를 알 수 있다. 인간이 자기 경험에서 인간적인 모든 것을 서서히 제거해나가면 마침내 인간적 속성은 모두 사라지고 신성만이 남는다는 것이다.

3개의 히포스타시스가 발전되는 방식은 이러하다. 먼저 일자의 자기 지식(self-knowledge)에서 최초의 이성(로고스 혹은 말씀)이 유출되는데, 이 로고스(Logos)는 모든 존재의 추상적 아이디어를 그 속에 가지고 있다. 다시 이 로고스로부터 두 번째 이성이 유출되는데 그것이 세계 영혼(World Soul)이다. 모든 존재의 개별적 이성은 이 세계 영혼에서 유출된다. 그 영혼이 많을수록 천사가 되고 적을수록 무생물이 되는데, 이러한 위계질서를 가리켜 존재의 사다리(chain of being)라고 한다.

신플라톤주의의 주된 목적은 합리적 생활을 위한 건전하고 만족스러운 지적 기반을 제공하는 것이다. 플로티노스는 이런 주장을 폈다. "하나님은 이해 가능한 동그라미다. 그분의 중심은 어디에나 있지만, 그 둘레는 어디에도 없다"(*Deus est sphaera intelligibilis cuius centrum ubique circumferentia nusquam*). 신플라톤주의의 핵심 개념은 궁극의 일자이다. 이 일자는 모든 체험의 배후에서 작용하고 또 생각과 현실의 간극을 극복하게 해주는 힘이다. 인간은 오로지 추상 작용을 통해 이 일자를 알 수 있다.

신플라톤주의는 로마 제국 전역에 영향을 미쳤기 때문에 서서히 기독교 신학에도 영향을 주기 시작했다. 신플라톤주의는 아우구스티누스 사상을 거쳐, 신플라톤주의자 프로클로스의 영향을 받은 위 디오니시우스(Dionysius the Areopagite)를 경유하여 중세 사상가들에게 영향을 미쳤다. 가짜 디오니시우스는 플로티노스의 사상에 기독교적 색채를 강하게 입힌 인물이다. 이 디오니시우스(6세기)의 저작은 신비주의의 발달에 커다란 영향을 미쳤다.

중세 기독교 성장기에 신비주의는 프랑스가 중심이었고 대표적인 인물은 클레르보의 베르나르였다. 중세 말에는 독일 신비주의가 득세했으며, 14세기의 탁월한 신비주의 사상가 에크하르트가 대표적이다. 그는 아퀴나스의 스콜라 철학을 바탕으로 신플라톤주의를 도입하고 여기에 독일 사상을 가미하여 독특한 신비주의 사상을 발전시켰다. 에크하르트의 제자인 타울러와 조이제 등은 루터에게 영향을 주었고 거기서 나온 프로테스탄티즘(간접적으로는 뉴잉글랜드 퓨리터니즘)은 신비주의적 경향을 띤다. 이 신비주의의 전통은 퀘이커 교도와 스베덴보리 등에 계승되었다.

18세기에 들어와 신비주의는 독일 철학자들 특히 셸링에게 영향을 주었고 이것이 다시 영국의 새뮤얼 콜리지와 토머스 칼라일에게 전수되었다. 에머슨은 플로티노스, 스피노자, 스베덴보리, 셸링 등 여러 군데에서 신비주의의 영향을 받았다. 에머슨의 칼뱅주의적 배경도 이 신비주의를 받아들이는 한 요인이 되었다. 유니테리언주의가 칼뱅주의(퓨리터니즘)에서 전통적 기독교 교리를 배제하여 신비주의 요소만 남았는데, 이 요소가 에머슨에게 전달된 것이다.

5) 에머슨의 자연관

이 책에서 소개한 3편의 에세이 「자기 신뢰」, 「운명」, 「개혁하는 인간」을 관통하는 핵심 요소가 바로 그의 자연관이다. 에머슨의 자연 사상은 그의 에세이 「자연」에 잘 드러나 있다. 에머슨은 먼저 우주는 자연과 영혼으로 구성되어 있고, 자연은 "내가 아닌 모든 것"을 가리킨다고 규정한다. 이어 자연은 새로운 삶을 가르치는 훈련장이라고 말한다. 인간은 자연과 친밀한 관계이며 자연은 인간이 느끼는 질문에 모두 대답해줄 수 있다. 그래서 자연은 시적(詩的)인 마음으로 관찰할 필요가 있는데 그런 심적 상태를 가리켜 에머슨은 "투명한 눈알"(transparent eyeball)

이라고 비유적으로 말했다. 이 유명한 말은 에세이 「자연」의 앞부분에 나오는데 그 부분을 인용하면 이러하다.

> 숲속에서 우리는 이성과 신앙으로 돌아간다. 거기서 나는 이런 것을 느낀다. 내 인생에서 무슨 일이 벌어지든, 그게 불명예든 재앙이든 자연이 고치지 못하는 것은 없다. 이 숲속 빈 땅에 서 있노라면 모든 초라한 자기중심주의는 사라진다. 나는 하나의 투명한 눈알이 된다. 나는 이것도 저것도, 그 어떤 것도 아닌 무(無)의 존재가 된다. 우주적 존재의 흐름이 나를 관통해 순환한다. 나는 하나님의 한 부분이 된다. 나는 오염되지 않은 불멸의 아름다움을 사랑하는 사람이 된다.

그리하여 우리가 그 투명한 눈알로 자연을 살펴볼 때, 초월적 진리를 깨닫는다는 것이다. 따라서 자연은 우리에게 진리를 가르쳐주는 스승이다.

그에 따르면 자연을 인식하는 방법은 세 단계를 거친다. 첫째, 자연의 아름다운 물리적 형태에서 즐거움을 느끼고, 둘째, 자연에 깃든 더 높은 법률, 즉 영혼의 요소가 자연의 아름다움에 기여한 바를 깨달으며, 마지막으로 그 아름다움을 이성이 작용하는 대상으로 파악함으로써 자연의 아름다움과 이성의 아름다움을 일치시켜 자연 형태가 곧 더 높은 법률임을 깨닫는 것이다.

에머슨은 아름다움이 미덕에 찍힌 하나님의 표시라고 말한다. 그런데 자연의 아름다움은 인간이라는 존재가 동참하기 때문에 비로소 의미를 획득함을 주목해야 한다. 우리가 자연의 그런 아름다운 외양에서 즐거움을 느끼는 것은 자연 자체에 있지 않고, 인간의 지각하는 능력에 있으며 더 나아가 인간과 자연의 조화에서 오기 때문이다. 그리고 자연적 아름다움에 도덕적 아름다움이 합쳐져야 비로소 완벽한 아름다움이 생겨난다. 그리하여 우리는 자연적 형태의 완벽한 모습보다 더 높은 수준의 아름다움을 의식한다. 인간 영혼은 아름다움을 추구하는데, 자연이 그 욕구를 충족시키며 이것이 자연의 궁극적 목적이 된다. 아름다움은 하나님이라는 우주의 한 가지 표현이고, 더 나아가 진리와 선도 그 하나님의 표현이다.

에머슨은 또한, 우리가 사용하는 언어도 자연의 상징이라고 본다. 언어에 앞서 자연이 있었고, 자연에 앞서 영혼이 있었다. 자연과 언어의 관계에 대해 에머슨은 세 가지를 주장한다. 첫째, 언어는 자연적 사건에 대한 기호(記號)다. 둘째, 구체적인 자연의 여러 사건은 구체적인 영혼의 사건을 상징한다. 셋째, 자연은 영혼의 상징이다. 따라서 자연은 언어 관점에서 보자면 정신의 메타포다. 자연에서 그런 언어와 의미를 발견하는 일은 힘의 원천이다. 또한 자연은 인간에게 이해(understanding)와 이성(reason)을 동시에 훈련하는 좋은 학습장이며, 우리 이해를 새롭게 하고 동시에 이성의 예감을 확인하는 곳이기도 하다.

만약 인간이 이해력만으로 자연을 살펴본다면 자연 중의 사물, 가령 산과 들, 호수와 강, 동물과 식물 등 객관적 존재만 믿고, 인간 영혼이라는 실재는 믿지 않을 것이다. 반면에 인간이 이성만으로 자연을 살핀다면 앞의 경우와는 정반대가 될 것이다. 이해만 중시하는 인간은 그의 생각을 사물에 순응시킨다. 그러나 이해 이외에도 이성을 중시하는 시인은 사물을 그의 생각에 순응시킨다. 인간 이성은 자연이 현상일 뿐 실재가 아님을 가르치고, 영혼은 환상이 아니라 실재임을 가르친다. 이러한 영혼의 작용으로 우리는 내부에 깃들인 신성에 눈을 뜬다.

에머슨의 자연관에서 가장 중요한 개념은 오버 소울(Over Soul)이다. 에머슨은 「오버 소울」이라는 에세이에서 이렇게 말한다. "오버 소울은 우리 생각과 양손 안으로 흘러들어와 지혜가 되고 미덕이 되고 힘이 되고 아름다움이 된다. 우리는 오버 소울의 연속, 구분, 부분, 입자이다. 인간 내부에는 전체의 영혼, 현명한 침묵이 있다. 모든 부분과 입자가 결국 수렴되는 보편적 아름다움이 있다. 그것은 영원한 일자(The eternal ONE)이다." 이 오버 소울은 플라톤이 말하는 우주 영혼 혹은 신플라톤주의에서 말하는 세계 영혼과 같은 개념이다. 각 개인의 영혼은 오버 소울에서 유출된 것으로, 오버 소울의 본질을 그 안에 잠재적으로 가지고 있다. 여기서 잠재적이라고 한 것은 개인이 자신의 노력으로 그 영혼을 깨달을 수도 있고 그렇지 못할 수도 있기 때문이다.

6) 에머슨과 동양 사상

에머슨은 프랑스 사람 장 피에르 귀욤 포티에(Jean-Pierre-Guillome Pauthier)가 한문에서 프랑스어로 번역한 『공자와 맹자 혹은 중국의 도덕-정치 철학을 논한 네 가지 책』(*Confucius et Mencius ou les quatre livres de philosophie moral et politique de la Chine,* 1841)으로 처음 유교의 사서를 알았을 것이다. 그 후 에머슨은 필요할 경우, 이 프랑스어 역본에서 자신이 영문으로 번역하기도 했다.

에머슨의 오버 소울은 『중용』의 3. 도론(道論) 중 제8에 나오는 귀신(鬼神)과 유사하다. "귀신의 덕스러움은 융성하기도 하다. 보려고 해도 보이지 않고, 들으려 해도 들리지 않지만, 만물에 스며들어 있어 만물이 이것을 빠뜨릴 수 없다"(子曰, 鬼神之爲德, 其盛矣乎, 視之而弗見, 聽之而弗聞, 體物而不可遺.). 여기 나온 '귀신'은 죽은 사람의 유령이 아니라 천지의 영혼을 가리키는 것으로, 인간 영혼을 가리키는 것이기도 하다. 가령 『대학』에서는, "마음이 없으면 보아도 보이지 않고 들어도 들리지 않으며,

먹어도 그 맛을 알지 못한다"(心不在焉, 視而不見, 聽而不聞, 食而不知其味)라고 했는데 이때의 마음도 실은 영혼과 같은 개념이다. 에머슨도 에세이 「자기 신뢰」에서 "결국, 당신의 성실한 마음 외에 그 무엇도 신성하지 않다"라고 말한다. 또 "자기 인생을 뒤로 미루지 않으면서 지금 이 순간을 성실히 살아가야 한다"라고 강조한다.

그리고 『중용』의 성론(誠論) 10절에는 이런 말이 나온다. "성은 하늘의 도이다. 성이라는 것은 애쓰지 않아도 적중하며 생각하지 않아도 얻어진다"(誠者天之道也 誠者不勉而中 不思而得).

또한, 같은 성론 16절에는 이런 설명이 나온다. "성은 스스로 이루어지게 하는 것이다. 성은 사물의 처음이요 끝이다. 성이 있지 않으면 사물이 없다"(誠者自成也 誠者物之始終 不誠無物).

여기서 우리는 에머슨의 오버 소울은 결국, 『중용』에서 말하는 성(誠)과 비슷함을 알 수 있다. 이 성의 개념은 보통 성(性)과 같은 개념으로 쓰여 천성(天性)을 따른다면 성(聖)을 이룰 수 있다는 뜻이다. 성(性)은 중용 첫머리에서 이렇게 설명한다. "하늘이 명령한 것이 성이요, 성에 따르는 것이 도요, 도를 가르치는 것이 교이다"(天命之謂性 率性之謂道 修道之謂敎). 이 부분은 천성(天性: 하늘의 진리)을 말하는 것으로 그대로 순종해야 한다는 뜻이다.

성(誠)을 가리키는 또 다른 말로는 거경궁리(居敬窮理)가 있다. 즉, 고상한 마음으로 하늘의 심오한 이치를 깊이 생각한다는 뜻이다. 이처럼 천성을 거짓 없는 정성으로 추구해야만 현실 속에 투영된 사물의 이치를 밝게 알 수가 있고 이런 식으로 천지의 사물을 성장 발육시키는 사람이 있다면 그가 곧 성인(聖人)이라는 것이다. 이 거경궁리는 에머슨이 에세이 「자연」에서 말한 "투명한 눈알"의 기능과 동일하다. 또 에머슨은 에세이 「자기 신뢰」에서 이런 말도 했다. "당신에게 맡겨진 일을 성실히 해나가라. 그러면 아무리 큰일이라 해도 희망할 수 있고 아무리 큰일이라도 감히 해보겠다고 나설 수 있다. 바로 이 순간에 당신은 용감하고 장대한 발언을 한다."

『중용』의 도론 1은 천지의 움직임을 가리켜 연비어약(鳶飛魚躍)이라고 하면서, 군자는 그 천지의 이치를 따라 행동하기에 그의 도는 광대하면서도 아주 세밀하다고 말한다. 연비어약은 솔개는 하늘을 날고 물고기는 물속에서 뛰어오른다는 것으로, 자연의 이치를 말하는데, 좀 더 쉽게 말하면 물은 병 속에 있고 구름은 하늘에 있다는 말과 비슷하다. 이 연비어약은 에머슨이 에세이 「자기 신뢰」에서 언급한 "저절로 꽃 피어난 장미"와 같은 개념이다(작품 해설 「자기 신뢰」 참조).

『중용』의 성과 에머슨의 오버 소울은 또한, 자연이 곧 신이라는 스피노자의 범신론으로 소급된다. 스피노자는 자연을 *natura naturans*(능산하는 자연)과 *natura naturata*(소산되는 자연)으로 나누는데, 전자는 하나님이 자연을 초월하면서도 그 안에 내재한다는 뜻이다. 이 경우 하나님은 자연의 모든 부분에 스며들어 자연과 하나가 되므로 이를 가리켜 능산(能産: 적극적으로 생산)한다고 했다. 그렇게 하여 일자(一者)인 하나님에게서 만들어진 무수한 피조물은 소산(所産: 생산)된 자연을 이룬다. 이렇게 하여 능산하는 자연은 일자가 되며 소산하는 자연은 다자(多者)가 되어서, 일다상용(一多相容: 만물은 일과 다로 나뉘고 그사이에 서로 용납된다)이라는 개념과 상통한다.

에머슨은 또한, 인도의 경전도 깊이 연구했다. 그는 찰스 윌킨스(Charles Wilkins, 1750-1836)가 영어로 번역한 『마하바라타: 바가바드기타 혹은 크리슈나와 아르주나의 대화』를 자주 읽었다. 그리고 에머슨의 제자 소로는 영국인 애독자 토머스 참리에게서 동양의 철학, 종교, 역사를 담은 44권짜리 총서(옥스퍼드대학교 발간)를 선물 받았다고 하는데, 에머슨도 이 책을 갖고 있었을 것이다. 에머슨의 절친한 친구 영국인 작가 토머스 칼라일이 동양 관련 책을 많이 사서 에머슨에게 보내주었기 때문이다.

에머슨이 「자기 신뢰」에서 언급한 비슈누는 인도 고대 서사시 『비슈누 프라나』에서 가져온 것이다. 프라나는 산스크리트어로 '오래된 이야기'라는 뜻이고, 비슈누는 인도 최고신 브라마의 세 호칭 중 하나로 브라마(Brahma)는 창조, 시바(Siva)는 파괴, 비슈누(Vishnu)는 보존 기능을 각각 담당한다. 고대 인도 문학의 대표 서사시는 『마하바라타』이고, 이 서사시와 비슷한 18종의 푸라나가 있는데 그 내용은 마하바라타와 거의 비슷하다. 비슈누 프라나는 그 18종 중 하나다.

에머슨은 「운명」에서 이렇게 말한다. "힌두교도는 이렇게 말했다. '운명은 전생에 저질러진 행위의 결과일 뿐이다.'" 이 문장은 "주님의 노래"로 번역되는 『바가바드기타』에서 가져왔다. 이 책은 기원전 200년에 작성된 작자 미상의 에피소드인데 후대인 6세기에 『마하바라타』 제6권으로 편입되어 들어갔다. 전차 운전사로 화신한 최고신 크리슈나는 영웅 아르주나에게 이 세상은 환상에 지나지 않으며 인간은 운명이 그에게 마련해주는 의무의 길을 걸어가야 한다고 말한다. 왕위를 두고 싸우는 두 사촌 형제 가문의 골육상쟁이 막 벌어지려 하는 찰나에, 한쪽 군대의 사령관인 아르주나와 사령관 전차의 운전사로 화신한 최고신 크리슈나 사이의 대화로 구성되어 있다.

전사 아르주나는 사촌 형제를 죽여야 하는 전투 현장 앞에서 갑자기 낙담하여 싸우지 못할 것 같은 느낌이 들면서 전차에 주저앉는다. 비폭력을 추구하는 자신이 폭력에 앞장서야 하는 상황을 감당하기 힘든 것이다. 이러한 딜레마 앞에서 크리슈나는 전투 행동에 나설 것을 권하면서 내면의 달관을 가르친다. 아르주나는 자신이 처한 전사라는 상황에 합당한 행동을 해야만 했다. 이러한 딜레마에 대한 해결은 결과에 집착하지 않으면서 행동에 나서는 것이다. 전장에 나섰으니 싸우는 것은 전사의 의무다. 그렇지만 크리슈나는 이것을 약간 수정하여, 결과가 어떤 것이 되었든 크리슈나에게 봉헌 예물로 바치라고 한다. 다시 말해, 있는 그대로의 신의 세상에 적응할 것을 권한다. 진정한 행위자는 신뿐이며 인간은 그의 도구이니, 결과에 집착하지 않고 주어진 상황에 최선을 다하는 것이 신을 기쁘게 하는 길이고 인간의 운명이라는 것이다.

『바가바드기타』는 제15장에서 순수는 위로 올라가고 열정은 중간에 있고 어둠은 맨 밑에 있는데 이 세 가지를 벗어나면 자아가 해방된다고 말한다. 그런 사람에게 고통과 쾌락은 하나가 되고 유쾌함과 불쾌함, 칭찬과 비난은 모두 같은 것이 된다고 말한다. 노자의 『도덕경』은 "높은 선비는 도를 듣고 부지런히 행하고, 가운데 선비는 도를 듣고 있는 듯 없는 듯하고, 낮은 선비는 도를 듣고 웃는다"라고 했는데 이 세 선비가 순수, 열정, 어둠에 대응한다. 그리고 에머슨은 에세이 「운명」에서 이와 비슷한 주장을 펼친다(작품 해설 「운명」 참조).

7) 에머슨과 소로

에머슨은 소로보다 열네 살 연상이었고 그래서 일종의 사제 관계를 형성했다. 소로가 1833년 하버드대학교에 입학했을 때 에머슨은 보스턴 제2교회 목사직을 사직하고 그해 10월까지 이탈리아, 프랑스, 잉글랜드 등 유럽 지역을 두루 여행하고 막 돌아온 직후였다. 이어 소로가 대학 생활을 하던 중에 에머슨은 「자연」이나 「미국인 학자」 같은 논문을 발표하여 소로에게 문학적 영향을 미쳤다. 에머슨은 1834년 소로의 고향인 콩코드로 이사 와서 그 도시에 정착하고 강연과 집필 활동을 펼치기 시작했다.

1837년 대학교를 졸업한 소로는 에머슨을 직접 만나면서 자신의 문학 활동에 큰 전기를 맞았다. 에머슨은 소로를 두 번이나 자기 집에 집사로 취직하게 하면서 재정적으로 도움을 주었다. 첫 번째는 1841년 4월부터 1843년 5월까지, 두 번째는 월든에서 숲속 생활을 끝낸 직후인 1847년 9월부터 1849년 봄까지였다. 또 1843년 5월에 에머슨의 집에서 나와 뉴욕 근처 스태턴 섬에 있는 에머슨의 형 윌리엄의 집에 가정교사로 들어가는 것을 주선하기도 했다. 소로는 에머슨의 서재에 있던 많은 책을 읽었고 그 덕분에 중국 철학과 인도 철학에도 눈을 떴다. 또한, 소로가 평생 일기를 쓰게 된 것도 에머슨의 모범과 권유 때문이었다. 오늘날 두 사람의 일기는 그들의 문학을 연구하는 데 필수 자료가 되었다. 또한, 두 사람은 19세기 미국 문학의 주요 사건인 초월주의 운동을 이끌어나갔다.

1840년에 에머슨은 초월주의자들의 동인지 『다이얼』(Dial)을 창간해 4년간 발간했고, 소로는 이 잡지에 총 30편이 넘는 에세이, 시, 번역문을 발표했다. 나중에는 폐간될 때까지 편집인을 담당하기도 했다. 두 사람은 당시 미국의 첨예한 문제였던 노예제도에 대해서도 철저하게 반대했고 미국 정부의 반인도주의적 정책과 명분 없는 멕시코 전쟁에도 반대했다. 실제로 소로는 그 전쟁이 부당하다고 생각하여 주민세 납부를 거부하다가 하룻밤 구치소 신세를 지기도 했다. 1846년 6월 23일 소로는 수선을 부탁한 구두를 찾으려고 콩코드로 갔다가 주민세 미납을 이유로 당국에 체포되어 감옥에서 하룻밤을 보낸다. 이때 에머슨이 구치소를 찾아가 왜 그 안에 있느냐고 묻자 "선생님은 왜 그 밖에 계십니까?"라고 했다. 고모 마리아 소로가 세금을 대납한 다음 날 그는 풀려났고, 수선된 구두를 찾아 호숫가 오두막으로 돌아왔다.

두 사람은 다니엘 웹스터에게 크게 실망했는데, 그가 도망 노예를 원주인에게 돌려주어야 한다는 법을 통과시켰기 때문이었다. 또 에머슨이 철저한 노예제 반대론자인 존 브라운을 집에 초대했을 때 소로는 에머슨의 집으로 가서 그를 만나기도 했다. 월든 호수 근처의 숲속 생활이후 문명사회로 되돌아온 소로는 노예폐지론자 존 브라운에게서 아버지 같은 인품을 발견했다. 브라운과 비교하면 에머슨은 다소 유약해 보였다. 이 때문에 생애 후반에 사제 관계에는 다소 긴장감 같은 게 생겼지만 그리 심각하지는 않았다.

두 사람은 이처럼 사상적으로나 정치적으로 가까웠는데, 그것을 더욱 밀착시킨 것은 콩코드 근처의 월든 호수였다. 피곤할 때 월든 호수의 숲속으로 산책 나가 자연과 대화하고 돌아오면 에머슨은 회복되었다. 그리하여 에머슨은 "월든 호수"라는 시에서 이렇게 노래했다.

그곳의 공기는 현명하고 바람은 멋진 생각을 한다
이런 것들이 그 숲을 통과하여 불어온다
식물들과 머리, 알과 껍질 혹은
새들과 두발짐승도 이것을 안다

이곳에서 테바이나 로마 혹은
동방의 딸들이 무슨 소용인가
숲속에서 나는 고향에 돌아온 것처럼 편안하다
거기서 나는 길을 잃지 않는다.

에머슨은 이 월든 호수 근처에 땅을 좀 가지고 있었다. 이 땅을 소로가 무상으로 빌려 오두막을 짓고 1년 반 동안 숲속 생활을 하며 기록한 것이 『월든』이라는 장편 에세이다. 에머슨의 자연관을 소로가 『월든』에서 구체화한 셈이다. 소로는 월든 숲에서 손수 잣나무를 벌목하여 호반에서 30미터 떨어진 곳에 집을 짓고 1845년 7월 4일부터 1847년 9월 6일까지 2년 2개월을 혼자 살았다. 실제로 에머슨은 이 오두막으로 소로를 찾아가기도 했으며, "겨울 방문객" 챕터에서 소로는 스승 에머슨이 찾아온 사실을 기록하기도 했다. 소로 자신도 숲속 생활을 하다가 주말이면 콩코드 시내로 나가 스승의 집에 들러 환담하다가 돌아왔다. 1847년 여름, 에머슨은 홀로 유럽 여행을 떠나면서 소로에게 자기 집에 들어와 가족—아내 리디언 에머슨과 아이들—과 함께 머물면서 집 관리를 해달라고 요청했다. 그리하여 월든 호수의 숲속 생활을 청산한 소로는 다시 문명 생활로 돌아왔다.

우리가 소로의 『월든』을 주목하는 것은 거기에서 에머슨의 자연관을 읽을 수 있기 때문이다. 에머슨의 「자연」이라는 에세이는 추상적인 이야기로 그 뜻을 명확하게 파악하기 어렵지만, 소로는 구체적 사물과 사건으로 자연이 인간에게 얼마나 소중한 것인지를 구체적으로 보여준다. 소로는 『월든』에서 자연의 대상을 우화(寓話)에 연결할 수 있다고 말한다. 그 대상이 동물이라면 '돼지=탐욕', '여우=교활', '황소=우직' 등으로 인간성의 어떤 부분을 우의적으로 말할 수 있는데 이처럼 자연의 사물은 인간성과 조응한다는 뜻이다. 그리하여 이런 비유는 우화로 연결되고 다시 세상은 이런 우화(이야기)로 가득한 책으로 이해할 수 있다는 것이다.

이렇게 볼 때 하늘을 나는 새는 내 생각을 대신해 훨훨 날아가는 존재가 되고, 콩밭의 노동을 하면서는 이런 "내 호미가 돌에 부딪쳐 쳉그랑 소리를 낼 때, 그 음악은 숲과 하늘에까지 반향을 일으키고, 내 노동의 동반자가 되어 주었다. … 내가 호미질하는 것은 더 이상 콩이 아니었고, 콩을 김매기 하는 사람도 내가 아니었다. 나는 자연과 깊은 혈연관계를 느꼈다"라는 생각을 이끌어낼 수 있다. 또한, 월든 호수의 수심은 인간의 마음을 상징하고, 겨울 동안 큰 눈에 갇힌 다음에 봄이 오는 현상은 기존에 알고 있던 모든 지식을 내다 버려야 비로소 깨달음이 온다는 가르침이 된다.

소로는 폐가가 된 집 뒷마당에 봄이 돌아와 피어난 라일락을 보면서 이렇게 말한다. "라일락은 그 집안에서 마지막으로 남은 유일한 생존자다. 얼굴 거무스름한 아이들이 두 눈 달린 가녀린 라일락 가지를 집 뒤 그늘진 땅에 심고 매일 물을 줄 때, '이 라일락은 우리보다 훨씬 더 오래 살 거야' 하고 생각하지는 않았으리라. 라일락 가지는 땅속 깊이 뿌리를 내리고 그 후에 씩씩하게 자라나 그 아이들과 라일락 가지에 그늘을 드리웠던 집 그리고 아이들이 자라 어른이 되었을 때 조성한 마당이나 과수원, 이런 것들보다 더 오래 살았다. 이제 라일락을 심은 아이들이 늙어 죽은 지 반세기가 지나갔다. 그러나 라일락은 그 폐가 옆을 지나가는 외로운 여행자에게, 그 아이들 이야기를 희미하게 들려준다. 처음 꽃핀 그 첫봄처럼 해마다 아름답게 피어나 달콤한 향기를 뿌리면서."

이 아름다운 문장은 중국 당나라 시인 잠삼(715-770)의 시구, "사람이 다 떠난 것, 뜰의 나무는 모르고 봄이 오자 옛날 꽃 그대로 다시 핀다"를 생각하게 한다. 또한, 같은 시기 최호의 시에도 비슷한 이야기가 있다. "지난해 오늘에는 이 문 안에서 사람의 얼굴과 복사꽃이 서로 비추어 붉었는데, 그 사람은 지금 어디 갔는가. 복사꽃만 예전처럼 봄바람에 웃고 있구나." 이처럼 죽음과 소생의 대비는 에머슨의 자연관에서 중요한 주제인데, 소로의 『월든』 제4장에 나오는 대설(大雪) 이야기는 그 사상을 잘 구현한다. 큰 눈이 내린 겨울과 해동하는 따뜻한 봄의 극명한 대조는, 월든 호수가 겨우내 얼어붙었다가(죽었다가) 봄이 돌아와 다시 살아나는(소생) 현상의 복선이 된다. 이렇게 볼 때 자연 속 모든 현상은 곧 우리 생각과 조응한다. 자연이 우리에게서 빼앗아가는 것이 있다면 정반대로 우리를 회복시키는 것도 있다는 에머슨 특유의 낙관론은 이런 자연관을 밑바탕으로 삼고 있다.

소로가 1862년 45세의 아까운 나이로 사망하자 에머슨은 그의 장례식에 참여하여 추도사를 낭독하면서 『월든』 1장에서 나오는 저 유명한 문장을 인용했다.

> 나는 오래전에 사냥개, 적갈색 말, 멧비둘기를 잃었는데 지금도 그것을 뒤쫓고 있다. 이 동물들이 남긴 흔적과 그것들이 어떤 부름에 반응하는지에 대해서는 내가 여러 여행자에게 말해준 바 있다. 사냥개 울음소리를 들었다거나 밤색 말이 달려가는 소리를 들었다거나 멧비둘기가 구름 뒤로 사라지는 광경을 보았다고 말한 여행자를 한두 명 만나기도 했다. 그 여행자들은 마치 자기 자신이 그 동물들을 잃어버렸거나 한 것처럼 그것을 되찾지 못해 안달이었다.

세 동물은 자연 속에서 인간 영혼이 상승하는 과정을 보여주는 상징인데, 에머슨의 자연관을 동물에 의탁해 신비하게 구체화한 것이다.

3. 작품 해설

에머슨의 글은 처음 읽으면 잘 이해가 되지 않는다. 위에서 설명한 여러 사상이 압축되어 있거나 암시되거나 아니면 독자들이 그 사상을 이미 알고 있다고 생각하여 상당 부분 설명을 생략하고 있기 때문이다.

이 해설에서는 위에서 소개한 에머슨의 사상이 각 작품에 어떻게 녹아들어가 있는지 밝히고 작품 내에서 잘 이해가 되지 않는 부분을 해설하여 작품을 전체적으로 파악할 수 있도록 했다.

1) 자기 신뢰

책을 많이 읽는 것으로 유명한 전 미국 대통령 버락 오바마는 허먼 멜빌의 『모비딕』과 함께 이 「자기 신뢰」를 즐겨 읽는다고 밝힌 바 있다. 오바마는 정치가였지만, 문필가이기도 해서 『나의 아버지에게서 물려받은 꿈: 인종과 상속에 관한 이야기』(*Dreams from My Father*, 1995)라는 자서전을 펴냈는데 노벨 문학상을 받은 미국의 흑인 작가 토니 모리슨에게 문학 작품으로도 전혀 손색이 없다는 평가를 받았다. 오바마는 아프리카 케냐의 유학생과 백인 미국인 여성 사이에서 태어났으나 부모는 곧 이혼했고, 외할머니 손에서 컸다. 아버지는 유학을 마치고 케냐로 돌아가 정부 고위직으로 승진했으나 1984년에 불의의 교통사고로 사망했다. 이런 배경을 가진 오바마가 왜 「자기 신뢰」를 그토록 소중하게 여겼는지 어렴풋이 짐작할 수 있다. 즉, 어려운 환경에서 훌륭한 인물이 되는 데에는 자신의 능력밖에 믿을 게 없다는 뜻이 담겨 있다. 이런 점에서 「자기 신뢰」는 처세의 교훈서로도 가치가 높다.

이 에세이는 에머슨이 1839년과 1840년 사이에 써서 1841년에 발간된 『제1 에세이』(*Essays I First Series*)에 수록된 원고다. 에머슨은 이 글을 쓰면서 1832년 이후에 쓴 일기와 강연에서 많은 문장을 가져왔다. 에머슨은 1832년 9월 유니테리언 교회를 떠난 후에 '자기 신뢰'라는 주제를 깊이 숙고해왔다. 그래서 1832년 10월 1일의 일기에 이렇게 쓰고 있다. "그리스도가 겸손해지라고 했으므로 너는 겸손해져야 한다. 그러나 내가 왜 그리스도의 말씀에 복종해야 하는가? 하나님이 그분을 보내셨기 때문에? 하지만 하나님이 그분을 보냈는지를 어떻게 아는가? 그것은 분명하게 알 수 있다. 너 자신의 마음이 그분이 가르친 것과 같은 것을 가르치고 있기 때문이다. 그렇다면 나는 먼저 나 자신의 마음을 살펴보아야 하지 않을까?"

에머슨은 기존 교회에 반발하여 목사직을 그만두었으므로 새로운 생활 방식을 찾아야 했다. 그 결과로 나온 에세이가 바로 「자기 신뢰」였다. 이 원고는 이런 실제적인 고뇌와 깊은 사유 끝에 나온 것이므로 에머슨의 여러 에세이 중에서도 최고라는 평가를 받고 있다.

먼저 이 '자기 신뢰'는 초월주의의 핵심 교리이기도 한데, 에세이에 처음 나오는 제사(題詞)에서 그것을 볼 수 있다. "*Ne te quaesiveris extra*"(당신 자신을 자기 이외의 곳에서 찾지 말라). 이 말은 자기 신뢰의 단정적 선언이다. 동시에 도덕적 본성이 무엇보다 중요하다고 생각한 에머슨의 사상을 잘 보여준다. 에머슨은 자신의 과격한 가르침이 변덕에 의한 것이 아니라 도덕성에서 나온 것임을 보여주기 위해 "너 자신을 믿으라"라는 말을 하는 것이다. 그리하여 이 에세이는 인간의 도덕적 영혼과 자기 신뢰의 관계를 보여준다. 「자연」이라는 에세이가 영혼과 자연의 관계를 보여주고, 「미국인 학자」가 영혼과 지성의 관계를 보여준다면, 이 「자기 신뢰」는 영혼과 사회적 인간의 관계를 보여준다.

먼저 에머슨은 '천재'(genius)에 관한 설명으로 글을 시작한다. 천재란 자기 생각을 믿는 사람이다. 남을 부러워하는 것은 무지에서 나오고, 모방은 자살행위나 다름없다. 좋든 나쁘든 자기라는 존재를 있는 그대로 운명의 몫으로 받아들여야 비로소 자기 신뢰의 길로 나아갈 수 있다. 자연은 아름다운 신탁을 우리에게 남겨 놓았다. 사전에 정해진 사물 간의 조화(調和)가 있는데 자신의 본성이 곧 그 조화의 한 부분을 이룬다. 인간 본성의 진면목은 어린아이와 같다. 따라서 아이는 자신이 하고 싶은 대로 하듯이, 성숙한 어른이 되려면 남의 말에 그대로 순응해서는 안 된다. 자기가 옳다고 믿는 바를 자기 방식대로 밀고 나가야 한다. 에머슨은 이러한 자기만의 충동을 중시하여, "나의 충동 때문에 내가 악마의 자식이 된다면, 나는 악마로 살아가겠습니다"라고 말하기까지 한다.

내 본성에서 나오는 법을 제외하고, 그 어떤 법도 신성할 수 없기 때문이다. 유일하게 옳은 것은 자기 기질을 따라 생활하는 것이다. 사회의 잘못된 규범에 순응하는 것은 눈먼 사람의 허세일 뿐이다. 우리는 사람들에게 있는 그대로의 존재를 내보여야 한다. 진정한 순응이란 진정한 자기 존재에 충실하게 행동하는 것이다. 진정한 인간은 다른 시대와 장소에 소속되지 않으며 언제나 사물의 중심에 서 있다. 그가 있는 곳에는 자연이 있다. 그는 주위 모든 사람과 사물을 측정한다.

우리가 진실한 삶을 산다면 진실하게 사물을 볼 수 있다. 인간이 신과 함께 산다면 그의 목소리는 바람에 날리는 클로버 혹은 내리는 비처럼 부드러울 것이다. 선(善)이 우리 가까이 있고 또 자기 안에 생명이 약동한다면, 그것은 기존에 알려진 익숙한 방식으로 얻어진 것이 아니다. 오로지 자신의 진실에서 나오는 것이다. 자기 영혼이 여기 우뚝 서 있는 한, 번드레한 말의 힘이 아니라 실제로 활동하는 힘이 생겨난다. 자기 신뢰는 자연의 이치에 따라 사는 것이고, 자기 신뢰에 확실한 근거를 마련해주는 것은 자신의 영혼이다.

이러한 내용을 담고 있는 이 에세이를 읽을 때 우리는 3가지를 주의 깊게 보아야 한다.

첫 번째는, 있음(being)과 되어감(becoming) 사이의 구분이다. 우선 '있음'에 대하여 에머슨은 이렇게 말한다. "우리는 이 일차적 지혜를 직관(intuition)이라고 부른다. 그리고 그 뒤에 나오는 모든 가르침을 교양(tuition)이라고 한다. 이처럼 깊은 곳에 숨어 있는 힘, 인간의 지적 분석이 미치지 못하는 최후의 것, 바로 여기에서 모든 사물은 공동의 원천을 발견한다. … 있음(being)의 느낌은 사물들과도 다르지 않고, 공간, 빛, 시간, 인간과도 다르지 않다. 그것은 그 모든 것과 하나이며, 분명 같은 원천에서 나오는데, 그 사물들의 생명과 있음도 모두 동일한 원천에서 나온다."

이 있음을 설명하기 위해 플라톤의 주장을 잠시 살펴보자. 플라톤 철학 중 가장 유명한 것이 이데아 설인데, 이는 인간이 감각을 통하여 알게 된 실재(리얼리티)는 그 실재의 본질적 형상(이데아)에 대한 복사본 혹은 근사치에 지나지 않는다는 것이다. 이데아는 시간과 공간 혹은 변화 가능성 등으로 제약받지 않기 때문이다. 이데아는 실제로 존재하지만, 대부분 사람은 그것을 추상 개념으로만 이해한다.

플라톤은 『국가』 제7권에서 동굴의 비유로 그것을 설명하고 있다. 인간은 동굴에 살면서 반대편 벽에 비치는 실재(즉, 이데아)의 그림자만 보면서 그것을 실재인 양 착각하면서 살아간다는 것이다. 그러면서 영혼의 선량함, 즉 진선미를 함양하는 것이 인생의 목적이라고 가르쳤다. 영혼은 이런 가치(진선미)를 원래 알고 있었는데 망각했으며 그것을 교육으로 "회상"시켜야 한다고 주장했다. 이 영원한 이데아를 획득해야만 '되어감'(becoming)의 유동적 상태를 극복하고 진정한 '있음'(being) 상태로 나아간다는 것이다.

현상과 실재라는 플라톤의 이원론은 삶의 모든 국면에 스며들어 있다. 사물의 이데아야말로 인간의 본질적 실재다. 이러한 이데아를 이해하려면 인간은 "순수 지성" 혹은 "순수 이성"을 발휘해야 한다. 이와 관련하여 플라톤은 『국가』 제7권에서 "있음은 되어감의 목표인데, 순수 지성이 있어야만 그 있음을 알 수 있다"라고 말했다. 그리고 가장 근본적인 이데아는 선(善)이다. 인간은 이 선의 이데아를 이해하기 전에는 결코 리얼리티(하나님)의 본 모습을 이해하지 못한다. 따라서 이 선을 이해하는 것이 모든 지식을 얻는 수단이다. 이렇게 하여 이데아 이론에서는 도덕과 형이상학이 하나가 된다.

에머슨은 「자연」이라는 에세이에서 이해(understanding)와 이성(reason)을 구분하면서 이성의 빛을 통해 자연 속의 사물을 바라보아야 한다고 말했다. 에머슨은 「자기 신뢰」에서 이렇게 말한다. "영혼은 빛이다. 그것이 있는 곳은 대낮이요, 그것이 없는 곳은 밤이다. 역사가 나의 있음(being)과 되어감(becoming)을 격려하는 유쾌한 교훈담 내지 우화가 되어야지 그 이상의 것이 되려고 한다면 주제넘는 유해한 것이 아닐 수 없다." 이러한 에머슨의 발언에서 우리는 되어감과 있음이 이해와 이성에 대응하는 관계임을 알 수 있다.

두 번째는 바보의 우화이다. 에머슨은 이 우화에 대하여 이렇게 말한다. "사람들 사이에 잘 알려진 술 취한 사람 우화가 있다. 어떤 사람이 크게 취하여 정신을 잃은 채 거리에 쓰러져 있다가 발견되어 공작의 집으로 실려 갔다. 사람들은 그의 몸을 잘 씻기고 좋은 실내복을 입혀 공작의 침대 위에 눕혔다. 그가 깨어나자, 사람들은 마치 그를 공작인 것처럼 극진히 대했다. 그러자 그 사람은 자신이 잠시 정신을 잃은 채로 살아온 게 틀림없다고 확신했다.

이 우화가 사람들 사이에서 왜 인기가 높을까? 인간 상태를 제대로 상징하기 때문이다. 인간은 이 세상에서 술 취한 사람 상태로 살아가는데, 가끔 술에서 깨어났을 때는 이성을 발휘하여 실은 자신이 군주임을 발견한다는 것이다."

위에서 언급한 이해와 이성을 가져와 설명한다면 술 취한 상태는 이해에 의존해서 살아가는 상태, 깨어난 상태는 이성에 의해 사물의 본질을 파악하는 상태이다. 이 술 취한 사람 에피소드는 중세에서부터 전해져 오는 이야기였는데 셰익스피어의 희곡 『말괄량이 길들이기』 서곡에 삽입되었다. 내용을 간단히 요약하면 이러하다.

술집 앞에서 술에 취해 쓰러져 있는 거지 슬라이를 영주와 사냥꾼들이 영주의 저택으로 데려와 일종의 연극을 꾸민다. 잠에서 깨어난 슬라이에게는 이런 설명이 주어진다. '당신은 원래 부자였는데 잠시 치매 상태에 빠져들어 스스로 거지라고 생각해왔다. 그런데 이제 당신은 제정신이 들었다.' 영주 일행은 이 연극을 완벽한 것으로 꾸미기 위해 어린 시동을 여자로 분장시켜 이 여자가 슬라이의 원래 아내였다고 말해준다. 거지 슬라이는 약간 멍한 상태에서 자신의 새 역할을 진짜 자기 것으로 생각하게 되며, 이에 슬라이와 그의 거짓 아내는 그들을 위해 상연되는 연극을 본다.

이 현실과 연극의 관계는 세르반테스의 『돈키호테』에도 나온다. 돈키호테와 산초는 여러 모험 끝에 공작의 성에 도착한다. 공작과 공작부인은 그의 기행에 대한 소문을 듣고 돈키호테를 상대로 장난을 치기로 한다. 돈키호테를 랜슬롯이나 롤랑 같은 진짜 기사로 대접하는 것이다. 공작 궁의 사람들에게 모두 이 연극에 가담하도록 지시가 내려진다. 그리하여 돈키호테가 마법에 빠진 둘시네아를 구출해내는 연극이 치러지고, 그 공로로 종자인 산초 판자는 바라타리아라는 작은 섬의 영주 자리를 하사받는다. 이 섬의 주민들에게는 새로운 영주에게 절대복종하라는 지시가 내려간다. 산초는 10일간 영주 노릇을 하다가 물러난다.

『돈키호테』는 중세 후반에 와서 더 이상 통용되지 않은 낭만적 기사도 전통을 풍자하지만, '환상과 현실'에 관한 아주 복잡한 문제를 다루고 있다. 돈키호테는 정말로 돌아버린 것일까? 그는 자기 역할을 잘 알고 그것을 수행한 배우가 아닐까? 어떤 사람이 정말로 자신을 기사처럼 생각하고, 느끼고, 행동한다면 그는 실제로 기사가 아닐까? 이 경우 어떤 것이 판타지이고 어떤 것이 현실인지 구분하기가 모호해진다. 이 연극과 현실의 대비를 보면서 우리는 이런저런 생각에 빠진다.

환상과 현실, 인생과 연극의 대비는, 에머슨식으로 말하자면 이해와 이성, 물질과 정신의 대비 관계를 보여준다. 에머슨은 이 바보 우화를 제시해, 인간이 실상은 술 취한 상태로 살아가고 있는데도, 자신은 명료한 의식을 지닌 채 "아주 똑똑한"—실은 아주 술 취한— 사람인 양 살아가고 있다는 것이다. 그렇다면 그렇게 술 취한 상태에서 깨어나는 길은 어디에 있을까?

세 번째로 이렇게 술 취한 상태에서 깨어나는 방법을 말하면서 에머슨이 일자와 영혼의 관계에 관해 어떤 말을 했는지 주의 깊게 보아야 한다. 에머슨은 「자기 신뢰」에서 '일자'(一者)에 대하여 이렇게 말한다. "모든 사물은 영원히 축복받는 일자로 돌아간다. 스스로 있는 것이 '제 1원인'의 속성이다. 이 일자가 낮은 형태의 사물 속으로 얼마나 스며들어 가 있느냐에 따라 그 사물의 선(善)의 정도가 결정된다. 모든 사물은 일자의 미덕을 얼마나 내포하고 있느냐에 따라 실재하는 존재의 형태가 결정된다. … 모든 동식물의 생명력은 자족적인 영혼, 자기를 신뢰하는 영혼을 구체적으로 보여주는 사례다."

여기서 말하는 일자(一者)는 신플라톤주의의 일자, 지성, 영혼의 세 히포스타시스(위에서 설명한 "에머슨과 신비주의" 참조) 중 가장 으뜸의 것을 가리킨다. 영혼이 일자로 회귀하는 방식은 에머슨에 따르면 '오버 소울'을 통하는 것이다. 각 개인의 영혼이 이렇게 할 수 있는 이유는 그것이 무(無)의 존재가 되어 모든 것을 밝게 보는 투명한 눈알이 되기 때문이다. 즉, 나와 나 아닌 것의 일체감을 느낄 수 있는 것은 이 투명한 눈알을 통해 모든 것을 다 같다고 보기 때문이다. 에머슨은 그것을 이렇게 설명한다.

"영혼과 성령의 관계는 너무나 순수하여 그 사이에서 중매자의 도움을 받으려 한다면 신성모독이 된다. 하나님이 말씀하실 때는 어느 한 가지가 아니라 모든 것을 말하려고 한다. 온 세상을 그분 목소리로 가득 채우고, 현재 생각의 중심에서 빛, 자연, 시간, 영혼 등을 온 세상으로 흩어 보낸다. 그리하여 기원을 일신하고 만물을 새로 창조한다. …

마음은 현재 생생하게 살아서 현재의 시간에 과거와 미래를 흡수한다. 모든 것은 그 마음과의 관계에 따라 신성해지고 이것이나 저것이나 마찬가지다. 모든 사물은 그들의 원인(신성)에 따라 중심으로 용해되고, 이 보편적 기적 속에서 사소하고 특수한 기적들은 사라진다."

자기 신뢰는 결국, 자신의 영혼을 믿고 오버 소울을 통해 일자와 합일하는 것을 말한다. 이것은 다시 첫 번째 중요 사항인 있음과 되어감과 밀접한 관련을 맺는다. 일자에서 모든 사물이 유출되듯 그 유출된 사물은 자연 속의 여러 대상(구체적으로는 동식물과 자연현상)과 긴밀한 관계를 맺음으로써 있음의 상태를 성취한다. 자기 내부에 일자의 빛을 많이 가지고 있을수록 일자를 향해 상승하려는 열망은 강해진다. 인간 영혼이 그런 자연과의 합일을 이룬 상태에 대해 에머슨은 자기가 꽃핀 줄도 모르고 피어 있는 장미에 비유한다.

"그(인간)는 풀잎이나 피어나는 장미 앞에서 부끄러움을 느낀다. 내 창문 밑에 핀 장미는 예전의 장미나 더 좋은 장미를 언급하지 않는다. 장미는 지금 이 순간 있는 그대로의 모습으로 존재한다. 장미는 오늘 하나님과 함께 존재한다.

장미에게는 시간이 없다. 단지 장미가 있을 뿐이다. 그것은 존재하는 매 순간 완벽하다. 잎눈이 트기 전에 그 온 생명이 약동한다. 꽃이 활짝 피었다고 해서 그 활동이 더 많아지는 것도 아니고, 잎 없는 뿌리 상태라고 해서 활동이 더 적어지는 것도 아니다. 장미의 자연(본성)은 충족되어 있고, 동시에 모든 순간마다 자연을 충족시킨다."

요약하면 장미는 그저 지금 이 순간 자연 속에 존재하는 것을 즐거워하므로 순수한 행복을 누린다는 것이다.

이에 대한 더 구체적인 사례를 들어보자. 1944년 2월 23일, 봄이 오려는 길목에서 안네 프랑크는 같이 도피 중이던 반단 씨 부부의 아들 피터와 함께 도피처 다락방 창문을 통하여 암스테르담 건물들 지붕과 저 멀리 지평선, 그 위의 투명에 가까운 푸른 하늘을 쳐다보며 이런 생각에 잠긴다.

> 이 햇빛과 구름 없는 하늘, 이런 것들이 있는데 내가 어떻게 슬퍼할 수 있을까? 겁먹고 외롭고 불행한 사람들에게 해줄 수 있는 최고의 치료약은 밖으로 나가서 어디 조용한 곳을 찾아가 혼자가 되라는 것이다. 그곳에서 하늘, 자연, 하나님과 함께 있으라는 것이다. 그러면 모든 것이 마땅히 존재해야 하는 방식으로 존재하고 있음을 느끼게 되고 하나님은 사람들이 행복하기를 바라고 계심을 알게 된다. 그러면 그 외로운 사람은 자연의 아름다움과 소박함에 비로소 눈뜰 것이다. 이런 것이 있는 한, 아무리 상황이 어렵더라도 모든 슬픔에서 위안을 얻을 수 있다. 자연은 고통받는 모든 사람에게 위로를 가져다줄 것이다. 내가 지금 느끼는 이 넘쳐흐르는 행복의 느낌을 다른 사람에게 알려줄 수 있다면 얼마나 좋을까!

이 무렵 안네 프랑크는 나치의 게슈타포에게 언제 잡혀갈지 모르는 불안한 생활을 하면서도 푸른 하늘을 쳐다보며 이런 해맑은 생각을 한 것이다. 안네가 수줍은 소녀의 언어로 말하는 자연의 빛은 에머슨이 이 에세이에서 말하는 영혼의 빛과 같다. 그 빛은 비유적으로 말하자면 교통사고 목격자의 현장 상황 같은 것이다. 목격자는 두 차량이 부딪치는 광경을 똑똑하게 보았기 때문에 가해자나 관련 당사자가 아무리 그의 증언을 바꾸려 해도 자신의 망막 속에 남아 있는 광경을 백 번, 천 번 똑같이 말할 수밖에 없다. 영혼의 빛이 바라본 사물의 신비도 이와 같다. 한번 그 신비에 눈뜨면 그것은 언제나 처음 보았던 모습 그대로 거기에 있는 것이다. 그것을 안네는 넘쳐흐르는 행복의 느낌이라 했고 에머슨은 일자와의 합일이라고 표현했다.

2) 운명

이 에세이는 에머슨이 1860년에 펴낸 『인생의 처세』(*The Conduct of Life*)에 실린 한 편이다. 에머슨은 1850년대에 인생을 어떻게 살아갈 것인가라는 주제를 두고 강연하면서 운명, 권력, 부, 문화, 행위, 예배, 배려, 아름다움, 망상 등을 강연 주제로 삼았다. 이러한 강연이 한 권의 책으로 묶인 것인데, 그중에서도 운명은 그 책에서 가장 먼저 나오는 글이다. 권력이나 부가 아무리 강력한 힘일지라도 운명을 이기지 못한다는 뜻을 담고 있다.

먼저 운명이란 무엇인가? 그것은 주로 미래와 관련 있다. 가령 지금 현재 벌어지는 일을 자신의 운명이라고 생각하는 사람은 별로 없다. 그것이 자신에게 큰 피해를 입히거나 비극을 가져왔을 때 비로소 운명이라는 말을 쓰는데, 시인 릴케는 비유적으로 "검은 복면을 쓴 운명"이라고 말했다. 그런 상황에서 문득 떠오르는 생각은 왜 이런 일을 미리 막지 못했을까, 하는 것이다. 따라서 비극적 운명은 반드시 미래와 관련 있다.

운명은 영어로 '페이트'(fate)인데 이는 라틴어 '파투스'(*fatus*)에서 왔다. fatus는 분사형으로 원형은 '포르'(*for*)인데 『라틴어-한글 사전』에서는 "말하다, 예언하다"라는 뜻으로 나와 있다. 이를 볼 때 운명은 신탁으로 예언된 어떤 것이라는 뜻이다. 미래는 영어로 '퓨처'(future)인데 라틴어 '푸투루스'(*futurus*)에서 왔다. 이 라틴어는 미래분사형으로 원형은 '숨'(*sum*)인데 다시 『라틴어-한글 사전』에서는 "있다, 존재하다"로 뜻을 풀면서 그 예문으로 "코기토 에르고 숨"(*cogito ergo sum*, "나는 생각한다, 고로 나는 존재한다")을 제시한다. 이것을 종합하면 운명이란, 이미 정해져 있고 미래에 벌어지게 되어 있는 어떤 것이다.

이 운명이 신탁(신의 말씀)에 미리 다 정해져 있다면, 인간은 아무것도 할 일이 없는가? 그냥 가만있다가 운명이 닥쳐오는 대로 받아들이거나 당해야 하는가?

에머슨은 그렇지 않다고 말한다. 먼저 인간에게는 운명에 맞서는 자유의지가 있다고 말한다. 운명은 내가 백 퍼센트 통제할 수는 없는 외부 기운인 것은 맞다. 그러나 나는 운이 좋은 사람이고 세상이 나를 보살펴준다고 믿고 운의 흐름에 맡겼을 때 좋은 운이 찾아온다. 내가 운명을 통제할 수는 없지만, 마음먹기(자유의지의 발동)에 따라 운명이 다르게 흘러갈 수 있다. 왜 그러한가? 인간의 의지가 그 운명의 일부분으로 작용해 운명이 의지의 영향을 받기 때문이다.

에세이 「자기 신뢰」는 운명에 대하여 이렇게 언급하면서 끝을 맺는다. "운명이라고 하는 것을 모두 활용하라. … 당신의 굳센 의지를 내세우며, 일하고 얻으라. … 자신에게 평화를 가져다주는 것은 자신밖에 없다." 그리고 두 번째 에세이에서 에머슨은 운명을 다시 이렇게 정의한다. "운명이란 아직 생각의 불길을 통과하지 않은(즉, 아직 생각해내지 못한) 사실을 일컫는 이름이다. 아직 온전히 파고들지 못한 사건에 대한 이름이다."

그러니까 운명은 자연 중에 벌어질 수 있는 일인데, 그 원인이 아직 파악되지 않아 때로는 신비하게 때로는 비극적으로 보이는 현상이라는 것이다. 첫 번째 에세이에서 읽은 것처럼, 자기 신뢰는 영혼의 지시에 따라 자연과 합일하면서 사는 것이다. 그리고 이 두 번째 에세이에서 에머슨은 자연의 책이 곧 운명의 책이라고 말한다. 그렇다면 '운명', '자기 신뢰', '자연'을 하나의 패키지로 묶을 수 있으며, 자연을 어떻게 이해할 것인지가 중요한 문제로 등장한다. 에머슨은 이 에세이에서 자연에 대하여 이렇게 말한다. "자연은 감상주의자가 아니다. 우리를 달래지도 않고 비위를 맞추지도 않는다. 우리는 세상이 냉혹하다는 것을 알아야 한다. 세상은 거칠고 심술궂으며, 남자와 여자를 물에 빠뜨려 죽이는 것을 개의치 않고, 상인의 배를 먼지 한 알처럼 삼켜버린다."

그렇지만 에머슨은 인간이 그 운명에 맞서 자신만의 생각을 펼치는 한 그는 자유라고 말한다. 자연의 이치를 미리 생각하고 그 이치대로 살아간다면 운명을 두려워할 게 없다는 뜻이다. 비유적으로 설명하면 내가 고속도로에서 차선을 지키지 않고 임의로 차선을 바꾸다가 접촉 사고가 났다면 그것을 당연한 결과로 받아들여야 하듯, 운명이 나에게 비극을 가져다주는 것도, 자연의 이치를 따져보면 내 선택의 결과이므로 마치 내가 그런 결과(운명)를 불러온 것처럼 받아들여야 한다는 것이다. 이렇게 볼 때, 자연 중에서 가장 진지하고 강력한 것은 '생각의 힘', 곧 인간의 의지이다. 그리고 운명에 맞서는 이러한 의지는 결국 자연의 힘, 영혼의 힘, 더 나아가 오버 소울의 힘에서 나오는 것이다.

에머슨은 "모든 재난은 인간을 자극하고 값진 암시를 준다. 인간의 노력이 아직 충분하게 이루어지지 않은 곳에서 그것은 하나의 흐름을 보인다"라고 말한다. 또한, 이런 말도 한다. "인간은 운명의 희생자가 되어 허리는 좌골신경통으로 아프고 마음은 과로로 근육 경련이 일어날 정도다. … 이럴 때 그는 심기일전하여 우주와의 관계를 재정립해야 한다. 이렇게 할 수 있다면 그의 여러 몰락이 우주를 돕는 셈이다. 그는 괴로워하는 다이몬을 떠나 신성과 한편이 되고, 그리하여 신성은 그의 고통에서 보편적 이익을 확보한다."

사실 이런 문장을 읽는 순간, 수긍하기 어렵다는 생각이 먼저 든다. 어떻게 재난이 값진 것이 되며, 지독한 아픔이 축복이 되는지 의아한 것이다. 이런 반응은 우리가 아픔과 축복을 완전 별개라고 보기 때문이다. 아픔은 지저분한 것, 수치스러운 것, 불쾌한 것으로 여기고 악과 동일시하는 것이다. 그리하여 아픔에 준하는 모든 것, 가령 죽음, 슬픔, 상실, 박탈, 손재(損財) 등은 가능한 한 피하려 한다.

그러나 사물의 이치, 더 나아가 자연의 이치를 따진다면, 이런 것들이 있기에 탄생, 기쁨, 즐거움, 소유, 회복이 의미가 있는 것이다. 그래서 옛 사람은 즐거움은 근심이 엎드려 숨는 곳이라고 말했다. 『예기』의 '단궁' 편에서는 이것을 뒷받침하는 말이 나온다. "즐거우니 흐뭇하고, 흐뭇하니 시를 읊고, 시를 읊으니 춤을 추고, 춤을 추니 원망하고, 원망하니 슬퍼지고, 슬퍼지니 탄식한다." 즐거움은 그 극한까지 추구해서는 안 된다는 것이다. 즐거움이 극에 달하면 정반대로 슬픔이 생긴다. 이것을 두고 성현들은 물극필반(物極必反: 사물이 극단으로 나아가면 오히려 정반대 방향으로 되돌아간다)이라고 하여 스스로 경계했다.

이처럼 슬픔을 기쁨과 똑같이 받아들이게 되는 것이 운명에 순응하는 방식이다. 운명과 의지라는 이중의식은 인간이 피해갈 수 없는 불변 요소다. 이해와 이성이 함께 있다면 인간의 삶에는 나와 남, 운명과 의지, 이성과 반이성이 함께 있다. 인간은 이성을 신봉하면서도 비이성적일 때가 많고, 한평생 교양을 강조하면서도 그와 정반대되는 충동에 사로잡혀 무모한 행동을 하는가 하면, 황당한 근거로 무고한 사람을 의심하기도 하고, 사소한 질투심에 사로잡혀 상대방에게 공격적인 태도를 보이고, 돌아서서 금방 후회할지도 모르는 한심한 일을 한다. 에머슨은 인간의 그런 특징을 언급하면서 "인간은 자신의 개인적 본성과 공적 본성이라는 두 가지 말을 번갈아 타야 한다. 서커스단의 기수가 재빨리 이 말에서 저 말로 갈아타고, 한 발은 이 말, 다른 발은 저 말의 등위에 올려놓으며 점프하는 것과 비슷하다"라고 말했다. 다시 말해 운명과 의지의 이중의식 사이에 균형을 잘 잡아야 한다는 것이다.

에머슨은 또 "운명으로부터 달아나려고 갖은 노력을 기울여보지만 결국 우리는 그 운명에 빨려 들어간다"라고 말한다. 아울러 페르시아 시인 알리 벤 아바 톨레브(Ali ben Aba Toleb)의 시를 인용하기도 한다. "정해진 날과 정해지지 않은 날, 이렇게 두 날에 당신의 무덤에서 도망치려 해봐야 소용없다네." 운명의 날은 정해져 있고 그 운명은 피할 수 없다는 점을 영어권에서는 "사마라에서의 약속"(appointment at Samarra)이라고 표현하는데, 이는 죽음을 의인화한 것이다.

바그다드에 한 상인이 있었는데 그는 하인을 시장에 보내 식료품을 사오게 했다. 잠시 뒤 하인이 창백한 얼굴로 헐레벌떡 돌아와서 말했다. "주인님, 시장에 나갔다가 혼잡한 사람 중에서 어떤 여인이 미는 줄 알고 돌아보았더니, 나를 뒤에서 민 것은 여인이 아니라 '죽음'이었습니다. 죽음은 나를 쳐다보며 데려가려는 듯이 위협적인 몸짓을 했습니다. 주인님, 말을 좀 빌려주십시오. 그놈을 타고서 이 도시에서 벗어나 제 운명을 피해야겠습니다. 제가 여기서 멀리 떨어진 사마라로 달아나면 죽음은 저를 찾지 못할 겁니다." 주인은 평소 신임하던 하인을 불쌍히 여겨 말을 빌려주었고, 하인은 말에 올라 있는 힘을 다해 박차를 가해 재빨리 사마라로 달아났다.

그리고 상인은 오후에 시장으로 나가서 사람들 사이에 서 있는 죽음을 보았다. 주인은 죽음에게 다가와 물었다. "오늘 오전에 제 하인을 보았을 때 왜 그에게 위협적인 몸짓을 했습니까?" "그건 위협적인 몸짓이 아니었습니다." 죽음이 말했다. "그것은 깜짝 놀란 몸짓이었지요. 나는 이곳에 그 하인이 아닌 다른 사람을 데리러 왔거든요. 그런데 놀랍게도 그를 이곳 바그다드에서 보았으니까 기이하다고 생각한 것이지요. 실은 내가 오늘 저녁 사마라에서 그를 만날 약속이 되어 있거든요." 주인은 하인이 오히려 집에 가만히 있으면서 죽음을 기다리는 것만 못했다는 생각을 하면서 집으로 돌아왔다.

에머슨은 이 에세이에서 괴테의 말―"우리가 젊은 시절에 바랐던 것은 노년이 되면 때로 몰려온다"―을 빌려 운명이 가르치는 중요한 교훈을 설명한다. 운명은 소원을 따르므로 각자의 소원을 경계하라는 것이다. 이것은 얼핏 보면 상식과는 정반대처럼 들린다. 젊은 시절에 소망한 것이라면 부귀와 공명일 텐데, 노년이 되었다고 해서 그런 것이 떼지어 몰려오는 것 같지는 않기 때문이다. 그런데 왜 이런 말을 했을까?

부귀와 공명은 저절로 얻어지는 것들이 아니다. 다른 사람도 똑같이 그것을 원하기 때문에 자연히 치열한 경쟁이 벌어진다. 그러나 승리를 기필하는 경쟁은 무리수를 불러온다. 선의의 경쟁이라는 말이 왜 나왔겠는가? 악의적인 경쟁이 너무나 많으므로 역설적으로 그런 말이 생긴 것이다. 경쟁이 치열하면 산전수전, 공중전을 불사하는데 괴테는 그러한 행위의 결과가 당장 나타나지 않고, 본인이 방어할 힘이 없는 노년에 나타나기 때문에 특히 경계하라고 한 것이다. 그러니까 좋은 일과 나쁜 일 사이에 균형을 잡으며 살아가야 한다는 뜻인데, 로마의 장군 파울루스가 그런 예다.

아이밀리우스 파울루스는 기원전 2세기에 마케도니아 필리포스의 아들인 페르세우스 왕을 상대로 제3차 마케도니아 전쟁에서 승리를 거둔 로마의 장군이다. 그는 페르세우스와의 전투에서 승리를 거두어 엄청난 땅을 점령하게 되었을 뿐만 아니라 왕의 막대한 재산을 모두 전리품으로 압수하여 로마의 국고를 더욱 풍성하게 만들었다. 게다가 왕과 그 가족을 생포하여 로마로 돌아가면 엄청난 개선식으로 환영을 받을 예정이었다.

그는 로마로 돌아가기 전에 그리스 내의 여러 신전을 살펴보면서 신들의 뜻에 대해 깊이 생각했다. 신들이 이런 엄청난 영광을 자신에게 내려준 것에는 다른 뜻이 있는 게 아닐까 두려워했다. 드디어 에피로스 항구에서 배를 타고 로마로 돌아올 때 바다에서 풍랑을 만나 배가 뒤집히는 것은 아닐까 우려했다. 그러나 그는 로마에 무사히 도착했고 이윽고 개선식을 맞았다. 당시 그에게는 14살과 12살의 두 아들이 있었다. 두 아들은 개선식 마차에 아버지와 함께 타고 군중의 환호 속에서 로마로 입성할 날만을 기다렸다. 그런데 개선식 닷새 전에 큰아들이 병으로 죽었고 개선식이 끝나고 사흘 만에 작은아들마저 병사했다. 이때 파울루스는 탄식했다. "사로잡혀 로마로 건너온 페르세우스 왕은 비록 포로의 몸이 되었으나 자식들은 살아 있지 않습니까? 어떻게 보면 오히려 그가 부럽습니다. 그러나 좋은 일에 대한 액땜이 국가에 미치지 않고, 제 일로 충당되었으니 저는 그것으로 만족하겠습니다."

그러므로 젊은 시절에 너무 좋은 것만 바라지 말아야 한다. 반대로 같은 논리의 연장선에서 지금 이 순간 나에게 나쁜 일이 벌어졌다면 그것이 더 좋은 일의 예고편일지 모른다고 생각할 수도 있다. 이렇게 생각을 전환하는 것이 자기 의지를 발동하여 운명과 대화하는 방식이다. 『바가바드기타』는 제15장에서 자아가 해방된 사람에게 고통과 쾌락은 하나가 되고 유쾌함과 불쾌함, 칭찬과 비난이 모두 같은 것이 된다고 말하는데, 바로 이런 생각의 힘과 의지의 결단이 있어야 운명에 평온하게 맞설 수 있다.

마지막으로, 에머슨은 셸링의 이런 말을 인용한다. "모든 사람에게는 그가 영원 이전부터 현재의 자신과 동일한 상태를 유지해왔으며, 시간 속에서 변화하여 오늘날의 자신이 된 게 아니라는 느낌이 들 때가 있다." 이 인용문에서 "영원 이전의 존재"는 결국, 일자와 합일된 상태를 의미한다. 첫 번째 에세이에서는 되어감(becoming)과 있음(being)을 말했는데, 이 있음의 순간, 시간과 공간이 완전히 배제된 순간을 이렇게 표현한 것이다. 이는 에세이 「자기 신뢰」에 나온 스스로 꽃핀 장미의 상태이기도 하다. 그런 상태에서 우리는 자연과 운명과 자신이 하나 된 느낌을 갖는다.

3) 개혁하는 인간

이 에세이는 에머슨이 1841년 1월 25일에 기계공 도제들의 도서관 모임에서 행한 연설을 글로 옮긴 것이다. 연설의 분위기를 살리기 위해 번역문은 경어체를 사용했다.

에머슨은 당대의 미국 환경을 지나치게 이기적이고 물질적이라고 지적하면서 이렇게 말한다. "덕스러운 젊은이들을 가로막고 있는 실제적인 장애물을 한번 생각해 보십시오. 그들이 사회에 진출하면 수익 높은 일자리가 악습에 둘러싸여 있는 것을 발견합니다."

그래서 젊은이는 "마음속에 고상한 목표가 힘차게 뛰노는 것을 느끼는 사람, 그들의 자연(본성) 법칙에 따라 정직하고 소박하게 행동하는 사람"으로 달라져야 한다고 말한다. 영혼의 부름에 따라 살고자 하는 인간은 현재의 물질적 세계에 불만일 수밖에 없다는 것이다.

일찍이 성 아우구스티누스는 자기 자신을 사랑하여 신을 경멸하는 사람이 있고, 반대로 신을 사랑하여 자기 자신을 경멸하는 사람이 있다고 했는데, 물질주의에 빠진 현대 미국인들이 전자에 해당한다는 것이다. 그리하여 에머슨은 에세이 「자기 신뢰」에서 개혁적인 인간은 이렇게 살아야 한다고 말한다. "겉만 번드레한 우리 시대에 이렇게 하려면 오로지 진실만을 말해야 한다. 이 시대의 거짓 환대와 거짓 애정을 견제하라. 우리가 말을 섞는 이 속고 속이는 사람들의 기대에 부응하며 살아가는 삶을 즉시 중단하라."

에머슨은 계속하여 미국 사회의 신앙 없는 분위기를 비판한다. "미국인은 신앙이 거의 없습니다. 그들은 달러의 위력을 믿으며 살아갑니다. 그들은 인간의 고귀한 정서에도 귀가 멀었습니다. 그들은 모임을 조직하듯이 북풍(北風)도 마음대로 불러올 수 있다고 생각합니다. 학자와 지식인 계급처럼 신앙심 없는 집단도 드물 것입니다."

그러면서 그런 물질주의와 신앙의 결핍에서 벗어나기 위해 각자 스스로 노동을 하는 것이 무엇보다도 중요하다고 말한다. "삽을 들고 정원으로 가서 땅을 팔 때, 나는 엄청난 기쁨과 건강을 느낍니다. 그래서 그동안 내가 마땅히 해야 할 일을 남에게 시키면서 자신에게서 노동의 즐거움을 빼앗아왔음을 깨닫습니다. 이처럼 신체 노동에는 건강 증진뿐만 아니라 교육의 요소도 함께 들어 있습니다."

사실 노동의 교환성은 노동의 가치를 더욱 높여준다. 노동자들은 복잡한 교환 기구를 통하여 서로 지원하며 이것이 삶을 풍성하게 한다. 가령 농부가 쌀을 생산하고, 번역가가 번역 수입으로 쌀을 사는 일 사이에는 아무 관련이 없어 보인다. 그러나 노동의 교환 효과를 통해 번역 일은 곧 농사 짓는 일과 다름없게 된다. 따라서 무슨 일이 되었든 노동한다는 것은 남과 교환할 수 있는 중요한 행위가 되며 사회 구성원으로서 그 사회의 향상에 참여하는 것이 된다. 또한, 노동을 잘하는 사람은 자연환경에 잘 적응한다. 노동을 많이 해본 사람은 강인하고 경험 많은 손, 날카롭게 꿰뚫어보는 지혜로운 눈, 유연한 신체, 힘차게 뛰노는 심장을 갖게 되어 자연환경에 더 잘 적응할 수 있으며 그에 따라 일상생활을 더욱 힘차게 해나갈 수 있다.

앞의 두 에세이에서 에머슨은 인간의 이중의식을 언급했는데 「개혁하는 인간」에도 이 중요한 개념이 다시 등장한다. 그는 이집트 신비주의자들의 현명한 조언을 언급하면서 이렇게 말한다. "사람에게는 두 눈이 두 쌍 있다. 아래에 있는 한 쌍이 닫힐 때는, 위에 있는 한 쌍이 주위를 지각한다. 위에 있는 한 쌍이 닫힐 때면 아래에 있는 한 쌍이 눈을 뜬다." 이것은 인간의 이중의식, 즉 이해와 이성의 차이를 가리키는 것이다. 에머슨은 에세이 뒷부분에 가서 다시 한번 이중의식을 말과 마부에 비유하고 있다. "천상의 말 하나와 지상의 말 하나를 가지고 황도를 달려가려 하는 천재. 그에게는 불화가 있을 뿐이며 마차와 마부에게는 파멸과 추락이 있을 뿐입니다." 마차와 마부 비유는 그리스 신화의 태양 수레와 파에톤에서 가져온 에피소드인데, 인간의 이중의식을 비유적으로 설명한 것이다. 인용문 속에 나오는 '천재'의 원어는 genius인데 천재로 해석할 수도 있고 또 정신으로 읽을 수도 있다. 정신은 의욕이 강해서 태양 수레를 끄는 등 뭐든지 다 하고 싶어 하지만, 신체는 그것을 따라가지 못한다는 뜻이다. 따라서 자연의 회복력을 통하여 이 둘 사이의 불화와 갈등을 치유하는 것이 중요한데 이렇게 하자면 열심히 노동을 해야 한다는 것이 에머슨의 주장이다.

마지막으로 에머슨은 물질주의에 대한 처방으로 사랑을 주문한다. 일찍이 범신론의 원조인 스피노자는 그리스도를 가리켜 가장 완벽하게 사랑을 실천한 사람이라고 칭송했다. 예수는 율법만 가지고는 세상의 모순과 갈등을 극복할 수 없다고 가르쳤다. 무엇보다 사랑이 있어야 하는데 그 사랑의 밑바탕은 용서라는 것이다. 자기가 크게 잘못한 상황에서 용서받아 본 적이 있는 사람은, 그 용서의 훈훈한 기억을 잊지 않고 이어 다른 사람을 용서함으로써 그 용서의 빚을 갚고 싶어 한다. 이러한 용서는 사랑이 주된 힘인데 그 사랑은 호소력과 전염력이 막강하다. 용서는 예수의 가장 핵심적인 가르침인데 동일한 잘못에 대하여도 일흔 번씩 일곱 번을 용서해주라고 말했다. 에머슨 또한, 용서에 바탕을 둔 사랑이야말로 저절로 부패하려는 경향이 있는 사회를 정화하는 가장 강력한 힘이라고 하면서 이것이 인간과 더 나아가 사회를 개혁한다고 강조했다.

개혁하는 사람은 이 사랑과 자기 신뢰를 바탕으로 용감하게 앞으로 나서는 사람이다. 그는 사랑을 추구하고 친구를 돕고 하나님을 경배하고 지식을 넓히고 국가에 봉사하며 자신의 감정에 충실하다. 그는 기존의 관습에 순응하지 않고 자기 개성을 내세우고 자연의 이치에 따라 살면서 남에게 도움이 되는 생활을 하려고 한다. 그가 자기감정에 충실하면서 열심히 노동하면 자연도 감응하여 반응하고, 그것이 부패한 사회의 정화와 회복에 기여한다.

개혁하는 인간이라는 주제를 통하여 이 책에 수록된 3편의 에세이는 크게 한 바퀴 돌아서 원래의 자리, 즉 자연으로 되돌아온다. 에머슨은 설사 물질의 유혹에 빠져서 정신이 타락했다 하더라도 이해와 이성이 번갈아 작용하는 인간의 이중의식과, 오버 소울을 의식하는 인간 내부의 소울(빛) 덕분에 그 물질적 사회를 회복시키는 것이 가능하다고 주장한다.

영혼과 자연의 조화로운 관계를 통하여 운명의 이치를 깨닫고 더 나아가 물질주의에 갇혀 있는 정신을 회복시키는 것, 이것이 책에서 소개한 세 편의 에세이 「자기 신뢰」, 「운명」, 「개혁하는 인간」의 일관된 주제이다. 마지막으로 각각의 에세이에는 원래 소제목이 없었으나 가독성과 독자의 편의를 위하여 옮긴이가 임의로 붙인 것임을 밝힌다.

에머슨 연보

1803년(출생)

5월 25일, 매사추세츠주 보스턴에서 태어나다. 아버지 윌리엄 에머
슨은 보스턴 제1교회의 목사이고, 어머니의 이름은 루스였다. 원래
5형제였으나 한 형제는 어릴 적에 죽었고 에머슨은 3자로 태어났
다. 위로 윌리엄(1801년생), 아래로 에드워드(1805년생), 찰스(1808년
생)가 있었다.

1811년(8세)

5월 12일, 아버지 윌리엄 에머슨 목사가 사망하다. 아버지가 돌아
가시자 어머니는 하숙을 쳐서 자식들을 키웠다. 고모 메리 에머슨
이 가끔 집을 방문하여 가사 일을 도왔다.

1812년(9세)

보스턴 라틴 학교에 입학하여 1817년까지 5년 동안 이 학교에 다
니다. 이때 콩코드에 있는 외할아버지 닥터 리플리의 집 올드 망스

를 자주 방문하다. 올드 망스는 주변에 나무가 울창한 숲속의 집으로, 후일 미국문학사에서 '아메리칸 르네상스'의 상징으로 자리 잡는다. 이는 1850-1855년의 시기를 가리키는 말인데, 이 시기에 에머슨의 『대표적 인간』(1850), 너새니얼 호손의 『주홍글씨』(1850)와 『일곱 박공의 집』(1851), 허먼 멜빌의 『모비 딕』(1851)과 『피에르』(1852), 헨리 데이비드 소로의 『월든』(1854), 월트 휘트먼의 『풀잎』(1855) 등이 발간되어, 미국 문학이 일약 중흥을 맞는다.

1813년(10세)

고모인 메리 무디 에머슨과 서신 교환을 시작하다.

1817년(14세)

9월에 하버드대학교에 입학하다. 이때부터 일기를 쓰기 시작하여 평생 계속하다. 이 일기에 대하여 「자기 신뢰」에서 이렇게 기록했다. "나는 전망이나 회고 같은 것은 하지 않으면서 매일 내 생활을 정직하게 기록한다. 비록 의도하거나 목격하지는 않았지만, 내 기록은 일정한 균형을 유지할 것임을 확신한다."

1821년(18세)

8월에 하버드대학교를 졸업하다.

형 윌리엄 에머슨이 운영하는 신부학교에 교사로 취업하여 1825년까지 4년 동안 봉직하다.

1826년(23세)

샘슨 리드(Sampson Reed)의 『마음의 성장에 관한 고찰(*Observations on the Growth of the Mind*)』을 읽다. 이 해에 처음으로 영국의 낭만시인 새뮤얼 콜리지의 시와 평론을 읽다.

목사 자격을 취득하다.

폐결핵을 두려워하여 요양 여행을 떠나다.

1828년(25세)

에머슨보다 더 뛰어난 재능이 있다고 여긴 동생 에드워드가 정신이상 증세를 보이다. 에드워드는 서인도제도 등으로 요양을 다녔으나 결국 회복하지 못했다. 에머슨은 재기가 탁월한 아우가 그 천재성 때문에 저런 병을 얻었다고 탄식하면서, 차라리 자신의 우둔함을 축복으로 여겨야 하는 것은 아닌지 생각했다.

1829년(26세)

3월 11일에 보스턴 제2교회의 목사로 임명되다.

9월 30일에 콩코드 출신의 엘렌 루이자 터커와 결혼하다. 에머슨의 아내는 보기 드문 미녀였다. "그녀는 아름다운 용모 외에도 그 선량한 성품은 정말로 눈부신 바가 있었다"라고 에머슨은 회상했다.

1831년(28세)

2월, 아내 엘렌이 사망하다. 이미 약혼 중에도 폐결핵으로 한 차례 각혈한 적이 있어서 건강이 걱정되었으나 이겨내지 못했다. 불과 1년 5개월의 결혼생활이었다. 이 무렵 에머슨의 일기를 보면 슬픔과 비탄의 분위기가 가득하다. 그는 아내가 그리울 때마다 그녀가 연애 시절에 보낸 편지를 읽었다. 그 편지 중 후대에 전해지는 것은 모두 48통이고, 에머슨이 엘렌에게 보낸 편지는 전해지지 않는다. 그는 한동안 죽은 아내의 묘지를 날마다 방문하며 추모했다.

1832년(29세)

10월 28일, 보스턴 제2교회의 목사직을 사직하다.

12월 25일에 유럽으로 건너가다.

1833년(30세)

10월까지 이탈리아, 프랑스, 잉글랜드 등 유럽 지역을 두루 여행하다. 스코틀랜드 크레이겐파턱에 있는 집으로 토머스 칼라일을 방문하다.

당시 에머슨이나 칼라일은 모두 문명(文名)이 그리 알려져 있지 않은 문학청년에 불과했다. 에머슨은 칼라일의 집에서 1박을 하면서 철학과 문학에 대하여 많은 이야기를 나누었다. 다음 날 칼라일은 에머슨을 전송하면서 수십 리 산길을 함께 걸어갔다. 칼라일은 나중에 에머슨에 대하여 이렇게 회상했다. "그는 순수한 아담 같은 사람이었습니다. 내가 하는 말을 모두 이해했고 진정 인간적인 목소리로 대답했습니다." 이 짧은 만남은 영미문학사에서 훈훈한 미담으로 남는 우정의 시발점이었다.

1834년(31세)

자연의 역사에 관한 강의를 다니다. 보스턴에서 콩코드로 이사하다. 콩코드에서 땅과 집을 사다. 이때 월든 호수 근처의 땅을 사들였는데, 에머슨의 제자인 소로는 이 호수를 배경으로 『월든』을 펴냈고, 에머슨은 이 숲에서 산책하는 것을 무척 좋아했다. 그는 어려운 일이 있을 때마다 아침 신문을 읽고 나서 이 숲으로 산책을 나가 자연과 깊은 교감을 느꼈고, 그 결과 원기를 회복하여 콩코드로 돌아오곤 했다.

1835년(32세)

위인들의 전기에 대해 강연하다. 올컷과 마거릿 풀러 부부를 만나다.

9월 14일, 플리머스 출신의 리디아(리디언) 잭슨과 결혼하다.

1836년(33세)

영국 문학에 대해 강연하다.

5월 7일, 다섯 살 아래인 동생 찰스가 사망하다.

9월 9일, 『자연』을 출간하다.

9월 19일, "초월주의자 클럽"이 처음으로 모이다.

10월 30일, 장남 왈도가 출생하다.

1837년(34세)

자연의 철학에 대해 강연하다.

8월 31일, 하버드대학교의 파이 베타 카파 모임에 가서 "미국인 학자"라는 제목으로 강연하다.

1838년(35세)

인간의 문화에 대해 강연하다.

7월 15일, 하버드대학교 신학대학 졸업반 학생을 상대로 강연하다. 이 강연은 그 후 "신학대학생에게 한 강연"이라는 제목으로 알려졌다.

1839년(36세)

인간의 삶에 대해 강연하다.

2월 24일에 첫딸 엘렌이 태어나다. 『웨스턴 메신저』지에 처음으로 시 4편을 발표하다.

1840년(37세)

현재의 시대에 대해 강연하다.

콩코드의 초월주의자 그룹의 동인지 『다이얼』이 발간되다.

1841년(38세)

1월 25일, "개혁하는 인간"이라는 제목으로 강연하다.

3월 20일, 『제1 에세이』가 발간되다. 이 책에 에세이 「자기 신뢰」가 실려 있다.

11월 22일, 둘째 딸 이디스가 출생하다.

초월주의자들이 많은 관심을 기울인 협동적 공동체인 브룩 팜(Brook Farm)이 건립되다.

1842년(39세)

시대의 흐름에 대해 강연하다.

1월 27일, 장남 왈도가 성홍열로 죽고, 아들의 죽음으로 엄청난 충격을 받다. 아내 리디언에게 "저 아이처럼 아름다운 아이는 다시 찾아보기 어려울 텐데…"라고 말하며 오열하다.

7월에 『다이얼』지의 편집인에 취임하다. 너새니얼 호손이 콩코드로 이사해 오다.

1844년(41세)

7월 10일, 아들 에드워드가 출생하다.

10월 19일, 『제2 에세이』가 발간되다.

1845년(42세)

"대표적 인간들"에 대해 강연하다.

1846년(43세)

12월 25일, 『시집』을 발간하다(실제 출간연도는 1847년).

1847-48년(44-45세)

10월 5일부터 그다음 해 7월 27일까지 유럽을 2차 방문하다. 파리 동물원에 들렀을 때, 동물들을 보고서 자연 속의 동식물 등 모든 존재에 영혼이 깃들어 있음을 확신하다. 이로 인해 에머슨의 산문에는 동물원이라는 단어가 자주 등장한다. 이때도 토머스 칼라일을 만나 우정을 다졌다. 에머슨은 괴테를 극찬하는 칼라일을 기쁘게 하려고 자신의 소유인 월든 호수 옆의 호반에서 괴테의 저작을 50권 이상 읽었다.

1849년(46세)

가을에 『자연: 연설과 강연들』을 발간하다.

12월, 『대표적 인간』을 발간하다(실제 발간연도는 1850년).

1851년(48세)

인생의 처세에 대해 강연하다. "도망 노예법"에 대해 강연하다.

1854년(51세)

헨리 데이비드 소로의 『월든』이 발간되다.

1855년(52세)

월트 휘트먼의 시집 『풀잎』이 발간되다.

12월, 휘트먼을 뉴욕에서 만나다.

1856년(53세)

에머슨의 저서 『영국인의 특징』이 발간되다.

1857년(54세)

"날들", "브라마" 같은 에머슨의 시들이 『어틀랜틱 먼슬리』 창간호에 발표되다.

1859년(56세)

존 브라운에 대해 강연하다. 노예제 폐지론자 존 브라운은 노예제에 대한 항의 운동의 일환으로 연방 무기고인 하퍼스 페리를 무장 습격했다가 체포되어 교수형을 받았다.

1860년(57세)

12월 8일 『인생의 처세』를 발간하다. 이 책의 첫 에세이로 「운명」이 실려 있다.

1862년(59세)

워싱턴에서 강연하고 링컨 대통령을 만나다. 링컨 대통령은 에머슨에게 그의 강연을 들은 적이 있다고 회상했다.

5월 6일, 소로가 폐결핵으로 사망하다.

5월 9일, 소로에 대해 강연하다. 에머슨이 소로를 추모하며 읽었던 장례식 연설이 나중에 발간되다.

1863년(60세)

"보스턴 찬가"를 발표함으로써 노예 해방 선언을 축하하다.

1864년(61세)

너새니얼 호손이 5월에 사망하다. 호손은 에머슨이 어린 시절 자주 찾아갔던 집 올드 망스를 무척 좋아하여 『올드 망스의 이끼』(1846)라는 단편집을 발표하기도 했는데, 여기에 「선량한 굿맨 브라운」이라는 유명한 단편이 실려 있다.

1865년(62세)

"에이브러햄 링컨"이라는 연설문을 발표하다.

1867년(64세)

4월 24일, 『오월의 날과 기타 시들』을 발표하다. 하버드대학교의 감독관으로 선임되다.

1870년(67세)

3월 『사회와 고독』을 발간하다.

하버드대학교에서 열네 번 강연하다.

1871년(68세)

사돈인 포브스 씨와 함께 캘리포니아 여행을 하고, 그곳에서 영혼 불멸을 주제로 강연하다.

1872년(69세)

7월 24일 아침, 에머슨의 집에 화재가 발생하여 가옥이 전소되다. 에머슨 가족은 그가 결혼 전에 잠시 살았던 외조부 닥터 리플리의 집인 올드 망스로 피신했다. 이때 프랜시스 캐벗 로웰 씨가 에머슨을 방문하여 5천 달러의 수표를 놓고 갔다. 그는 이후 1만 2천 달러를 모금하여 에머슨에게 보냈다. 후일, 그는 이 호의에 "이렇게 후의를 베풀어주신 은인들의 이름을 읽고 있노라면 나도 모르게 눈물이 흘러내려 앞이 흐릿해진다"라고 말했다.

1872-1873년(69-70세)

화재 사고 이후 심한 정신적 충격에 시달리는 에머슨을 위하여 우
인들이 1천20달러를 조달하여 해외여행을 권하다. 딸 엘렌과 함께
세 번째 유럽 여행에 나서서 근동 지역도 함께 둘러보다.

1875년(72세)

『편지들과 사회적 무기』를 발간하다.

1879년(76세)

콩코드 철학 학교의 창립 모임에서 강연하다.

1882년(79세)

평소 자연과 자연 풍경을 너무도 사랑했던 에머슨은 4월에 모자도
쓰지도 않고 외투도 입지 않은 채 빗속을 산책하다가 폐렴에 걸렸
다. 그 후 4월 27일, 저녁 콩코드에서 사망하다. 에머슨의 제자 소
로는 추운 겨울에 숲속에 들어가 나무들을 관찰하다가 기관지염
에 걸렸고 이후 폐병으로 악화해 사망했는데, 그와 비슷한 죽음이
었다. 장례식에서 콩코드 주민이면서 에머슨이 주도한 '토요 클럽'
의 회원이었던 E. R. 호어 판사가 추도사를 읽었다. 장례식이 끝나
자, 화창한 4월의 일요일 저녁에 영구차는 슬리피 할로우 공동묘지
로 향했다. 그곳은 헨리 데이비드 소로와 너새니얼 호손이 영면하
는 곳이었다. 언덕 위쪽, 콩코드 사교계가 조성한 땅, 소나무 밑에
에머슨은 그의 어머니와 그의 아들 왈도의 무덤 옆에 안장되었다.

옮긴이 **이종인**

1954년 서울에서 태어나 고려대학교 영어영문학과를 졸업하고 한국 브리태니커 편집국장과 성균관대학교 전문 번역가 양성 과정 겸임 교수를 역임했다. 지금까지 250여 권의 책을 옮겼으며, 최근에는 인문 및 경제 분야의 고전을 깊이 있게 연구하며 번역에 힘쓰고 있다. 옮긴 책으로는 『진보와 빈곤』, 『리비우스 로마사 세트(전4권)』, 『유한계급론』, 『공리주의』, 『걸리버여행기』, 『로마제국 쇠망사』, 『고대 로마사』, 『숨결이 바람 될 때』, 『변신 이야기』, 『작가는 왜 쓰는가』, 『호모 루덴스』, 『폰더 씨의 위대한 하루』, 『중세의 가을』, 『마인드 헌터』 등이 있다. 집필한 책으로는 번역 입문 강의서 『번역은 글쓰기다』, 고전 읽기의 참맛을 소개하는 『살면서 마주한 고전』 등이 있다.

현대지성 클래식 36

자기 신뢰

1판 1쇄 발행 2021년 4월 1일
1판 7쇄 발행 2024년 1월 23일

지은이 랄프 왈도 에머슨
옮긴이 이종인
발행인 박명곤 **CEO** 박지성 **CFO** 김영은
기획편집1팀 채대광, 김준원, 이승미, 이상지
기획편집2팀 박일귀, 이은빈, 강민형, 이지은
디자인팀 구경표, 구혜민, 임지선
마케팅팀 임우열, 김은지, 이호, 최고은

펴낸곳 (주)현대지성
출판등록 제406-2014-000124호
전화 070-7791-2136 **팩스** 0303-3444-2136
주소 서울시 강서구 마곡중앙6로 40, 장흥빌딩 10층
홈페이지 www.hdjisung.com **이메일** support@hdjisung.com
제작처 영신사

ⓒ 현대지성 2021

"Curious and Creative people make Inspiring Contents"
현대지성은 여러분의 의견 하나하나를 소중히 받고 있습니다.
원고 투고, 오탈자 제보, 제휴 제안은 support@hdjisung.com으로 보내 주세요.

현대지성 홈페이지

이 책을 만든 사람들
편집 채대광 **디자인** 구경표

"인류의 지혜에서 내일의 길을 찾다"
현대지성 클래식

현대지성 클래식 살펴보기